AF141204

Emil Ohlert

Die Araneiden oder echten Spinnen der Provinz Preussen

Emil Ohlert

Die Araneiden oder echten Spinnen der Provinz Preussen

ISBN/EAN: 9783743320819

Hergestellt in Europa, USA, Kanada, Australien, Japan

Cover: Foto ©ninafisch / pixelio.de

Manufactured and distributed by brebook publishing software
(www.brebook.com)

Emil Ohlert

Die Araneiden oder echten Spinnen der Provinz Preussen

DIE

ARANEIDEN

ODER

ECHTEN SPINNEN

DER PROVINZ PREUSSEN

BESCHRIEBEN

VON

D^R. E. OHLERT,

OBERLEHRER AN DER REALSCHULE AUF DER BURG ZU KÖNIGSBERG I. P.

Nebst einem systematischen und alphabetischen Register
und zwei Tafeln,
die Augenstellungen der Spinnen darstellend.

LEIPZIG,

VERLAG VON WILHELM ENGELMANN.

1867.

Vorwort.

Indem ich das vorliegende Werkchen der Oeffentlichkeit übergebe, muss ich zugleich gestehen, dass ich dadurch seinen Gegenstand keineswegs erschöpft zu haben glaube. Obgleich ich mir bewusst bin, soweit es meine Berufsgeschäfte und Kräfte erlaubten, fleissig gesammelt zu haben, so bin ich doch überzeugt, dass unsere Provinz noch viel mehr Spinnen birgt, als ich gefunden habe. Denn der Einzelne, und besonders ein Lehrer, dessen Musse- und Sammelzeiten nicht von seinem Willen und seiner Wahl abhängen, kann doch verhältnissmässig nur wenige Oertlichkeiten absuchen, und nicht zu allen Zeiten des Jahres; ja viele und bedeutende Striche unserer Provinz habe ich nie betreten

können. Dazu kommt noch, dass die Verbreitung der
Spinnen viel beschränkter ist als die der geflügelten
Insecten, und daher manche Arten nur an bestimmten
Localitäten, oft mit sehr engen Grenzen, zu finden
sind, weit und breit umher aber gänzlich fehlen.
Wahrscheinlich sind am meisten noch neue Spinnen
aufzufinden aus der Gattung Micryphantes, die sich
durch ihre Kleinheit und ihren gewöhnlichen Aufenthalt in Gras und Moos leicht dem Auge entziehen, und
aus der Familie der Drassides, deren mehre Arten ein
verborgenes, unterirdisches oder nächtliches Leben
führen.

Ausserdem aber ist zu einer gründlichen und
vollständigen Kenntniss der Spinnen noch manche
Specialuntersuchung erforderlich. Eine solche habe
ich unternommen, indem ich die Klauen aller einheimischen Spinnen untersucht habe, und diese Arbeit
hat mir wichtige Resultate für die Charakteristik und
Unterscheidung der Familien, Gattungen und selbst der
Species geliefert. Aber sie hat mich auch mehre Jahre
hindurch viel Mühe und Zeit gekostet, und ich bin
noch nicht im Stande gewesen, andere, die ich zu
machen gewünscht, theilweise begonnen habe, zu
unternehmen oder zu Ende zu führen. Zu solchen
Specialarbeiten gehört als nächste, dringendste und

interessanteste eine durchgreifende Untersuchung und
Vergleichung der männlichen Taster, aber auch eine
gründliche Beobachtung der weiblichen Genitalien, der
Spinnwarzen, der Brutnester, der Eier und der Art,
dieselben zu behandeln und bis zum Ausschlüpfen der
Jungen zu bewahren u. s. w. würde dem Naturfreunde
Befriedigung und der Arachnologie Nutzen bringen.

Wenn ich nun trotz dieser Mängel, deren ich mir
vollständig bewusst bin, die Beschreibung der bisher
in Preussen aufgefundenen Spinnen veröffentliche, und
nicht damit warte, bis ich überzeugt wäre, dass keine
Spinne mehr zu finden, und keine darauf bezügliche
Frage mehr zu beantworten sei, so mag mir zunächst
zur Rechtfertigung dienen, dass dieser Zeitpunct wohl
nie eintreten würde, und dass mein vorgerücktes Alter
mir die Alternative nahe brachte, das Werkchen in
seiner jetzigen Gestalt zu geben, oder meine mehr als
zwanzigjährigen Erfahrungen über die Arachniden
der Gefahr auszusetzen, der Vernichtung anheim zu
fallen.

Und so lasse ich denn getrost dies kleine Buch in
die Welt gehen, mit der Ueberzeugung, dass es unge-
achtet seiner Unvollkommenheiten den Freunden der
Natur ein leichtes und bequemes Mittel bieten werde,
sich mit einer bisher sehr vernachlässigten Gruppe der

niedern Thiere bekannt zu machen; und mit der Hoff-
nung, dass recht Viele, jeder in seiner Umgegend,
nach neuen Spinnen suchen und so beitragen werde,
die Kenntniss derselben und ihrer Lebensweise zu erweitern und zu vervollständigen.

Der Verfasser.

Inhalts-Angabe.

Einleitung.

Zum Verständniss der nachfolgenden Beschreibungen unserer preussischen Spinnen ist es nothwendig, sich vorher mit dem Bau dieser Thiere im Allgemeinen und den Bezeichnungen für die einzelnen Theile derselben bekannt zu machen. Diesen Zweck glaube ich auf eine leichtere Weise erreichen und eine klarere Anschauung erzielen zu können als durch Abbildungen, die überdem das Werkchen vertheuern würden, wenn ich die nothwendigen Erklärungen und Erläuterungen an ein bestimmtes Thier knüpfe, und ich wähle dazu die allgemein bekannte und häufige Kreuzspinne. Ich ersuche daher den geneigten Leser, sich zunächst eine Kreuzspinne zu suchen, dieselbe in Spiritus zu tödten, und dann die folgende Beschreibung damit zu vergleichen. Rathsam ist es, sich gleich ein Weibchen und Männchen zu besorgen, die leicht daran zu unterscheiden sind, dass das Männchen im Ganzen kleiner und schlanker ist, und das Endglied der Taster keulenförmig verdickt hat, während es bei dem Weibchen dünner als die andern Glieder ist. Da aber die Kreuzspinne erst im Spätsommer und Herbste erwachsen ist, so kann zu einer andern Jahreszeit auch irgend eine andere Spinne mit wenigen Modificationen zu diesem Zwecke dienen.

Der Körper der Kreuzspinne, wie aller echten oder Lungen-Spinnen, besteht aus zwei Haupttheilen, dem Vorderleibe (Cephalothorax) und dem Hinterleibe (Abdomen), welche durch einen dünnen Stiel mit einander verbunden sind. Der Vorderleib ist fast herzförmig, vorne schmäler,

hinten breiter. Zwei deutliche Furchen, jederseits eine,
von vorne schräg aufwärts laufend, scheiden den vordern
schmäleren Theil, den Kopf (Caput), von dem hintern
breiteren Theil, der Brust (Thorax), und vereinigen sich
auf dem Brustrücken in einer kleinen Grube, der Rückengrube. Der Kopf ist sanft gewölbt und vorne abgerundet.
Auf seiner Vorderfläche stehen acht Augen in zwei Reihen.
Die vier Mittelaugen stehen auf einer gemeinschaftlichen
polsterförmigen Anschwellung, die zwei hinteren näher bei
einander als die beiden vorderen; auf jeder Seite derselben
steht noch ein Paar Augen, ebenfalls auf einem kleinen
Hügelchen, nahe bei einander und schräge gegen einander
gestellt, so dass die hintern Seitenaugen weiter von einander stehen als die vordern; die Augen sind alle fast
gleich gross. Die Stellung der Augen ist bei den verschiedenen Spinnen sehr verschieden und giebt das wichtig-
ste Kennzeichen zur Unterscheidung der Familien und Gattungen. (Vergl. die Tafel am Ende des Buchs). Unter den
Augen bleibt noch ein schmaler Streifen der Kopffläche mit
einem geschwungenen Vorderrande. Eine Oberlippe ist
nicht vorhanden.

Die Unterseite des Bruststückes, oder schlechtweg die
Brust, bildet eine ovale etwas gewölbte Hornplatte. An
derselben sind jederseits vier Beine eingelenkt. Jedes Bein
hat sieben Glieder; nämlich die kurze und dicke Hüfte
(Coxa), dann ein kurzes Glied, welches dem Trochanter
der Insecten entspricht; dann folgt der Schenkel, dann
wieder ein kurzes Glied, das Knie, hierauf das Schienbein,
dann der Fuss, der aus der Ferse und der Fusswurzel
(Metatarsus und Tarsus) besteht. Das Knie ist mit dem
Schienbein fest verbunden und erlaubt nur eine geringe
Bewegung gegen dasselbe; die übrigen Glieder bewegen
sich gegen einander nur in verticaler Richtung, mit Aus-
nahme des Trochanter, der gegen die Hüfte eine freiere
Bewegung hat. An der Spitze der Fusswurzel oder des
Tarsus befindet sich eine Klaue, welche aus zwei grösseren
hornigen Hauptkrallen und einer kleineren Mittel- oder
Afterkralle besteht. Die beiden Hauptkrallen sind sichel-
förmig gekrümmt, auf ihrer innern Krümmung kammförmig
gezähnt, und zwar haben sie acht Zähne, die von der Basis

gegen die Spitze an Länge zunehmen; die Mittelkralle steht
zwischen ihnen etwas weiter nach vorn, ist viel kleiner,
stärker gekrümmt und hat nur zwei kleine höckerförmige
Zähne dicht beisammen. Alle drei sind auf der polster-
förmigen Spitze des Tarsus eingelenkt und sehr beweglich.
Die Bildung der Klauen bietet bisweilen ein brauchbares
Moment zur Unterscheidung der Familien und Gattungen
(S. «Beiträge zu einer auf die Klauenbildung gegründeten
Diagnose und Anordnung der preussischen Spinnen, von
Dr. E. Ohlert« in den Schriften des zoologisch-botanischen
Vereins zu Wien, im 4ten Bande 1854. p. 233—252). —
Das vorderste Beinpaar ist bei der Kreuzspinne das längste,
dann folgt das zweite, dann das vierte, und das dritte ist
das kürzeste. Das hornige Rückenschild und das Brust-
schild sind durch eine weiche Haut mit einander verbunden.

Zu den Mundtheilen gehören zunächst zwei starke
kegelförmige Oberkiefer (Mandibulae), welche unter dem
Vorderrande des Kopfes eingelenkt sind. An der Spitze
jedes Oberkiefers ist eine krumme, sehr spitze und scharfe
hornige Fangkralle eingelenkt, welche sich in der Ruhe in
eine von zwei gezähnten Rändern eingeschlossene Rinne
an der innern Seite der Oberkiefer, wie die Klinge in den
Griff eines Taschenmessers, einschlägt. Unter den Ober-
kiefern, an dem Brustschilde eingelenkt, befinden sich die
beiden Unterkiefer (Maxillae). Sie sind ihrem Aussenrande
nach fast kreisförmig, an der Basis verschmälert, auf der
Aussenfläche gewölbt, auf der innern Seite flach. An der
verschmälerten Basis jeder Maxille an der Aussenseite ist
ein Taster eingelenkt, welcher in seiner Zusammensetzung
und Bildung den Beinen ähnlich ist. Bei dem Weibchen
folgt auf die Maxille, welche der Hüfte entspricht, ein kurzes Glied, entsprechend dem Trochanter; dann ein langes
Schenkelglied, ein kurzes Knieglied, ein fast doppelt so
langes Schienbeinglied, und dann ein langes Fussglied, an
dessen Spitze eine einfache sichelförmige, achtzähnige
Kralle eingelenkt ist. Bei dem Männchen sind die Taster
fast nur halb so lang als bei dem Weibchen; das dritte
Glied ist fast kugelig, das vierte breit, napfförmig, am
innern Rande des Napfes mit einem halbkreisförmigen
Ausschnitt. Das letzte Glied ist stark verdickt und bildet

1 *

den Tasterkolben; dieser besteht aus einer sichelförmig gebogenen Deckschuppe, die nach hinten in einen stumpfen, krummen Haken endigt und behaart ist; darauf folgt eine breite schüsselförmige Platte, welche einen fleischigen und hornigen lappigen Theil einschliesst, und an diesen schliesst sich der Endlappen, der mit einem grossen hornigen Haken endigt. Die Tasterkolben der Spinnenmännchen zeigen die mannigfaltigsten Bildungen; überall aber sind sie bei der Begattung thätig und man kann sie daher mit Recht die männlichen Genitalien nennen. Uebrigens tritt diese abweichende Bildung des Endgliedes der Taster erst bei den erwachsenen Männchen hervor; bei den jungen Männchen sind die Taster ebenso wie die der Weibchen gestaltet, nur dass auch hier schon die kammförmige Kralle fehlt. — Zwischen den beiden Maxillen befindet sich die ovale Unterlippe, in einen Ausschnitt des Brustschildes beweglich eingefügt, auf der Aussenseite gewölbt, auf der Innenseite flach, an der Spitze mit einem kleinen Haarbüschel. Auf der Unterlippe liegt die Zunge, welche aus einem kleinen eckigen, mit starken Haarbüscheln besetzten häutigen Blatte, und dahinter aus einem ovalen fleischigen Stücke besteht, über welchem die Speiseröhre beginnt.

Der Hinterleib der Kreuzspinne ist oval, nach hinten zugespitzt, vorn an den Schultern stumpf höckerförmig erhöht. Auf dem Rücken bemerkt man vier Paare vertiefter Puncte hinter einander. Der Verbindungsstiel mit dem Vorderleibe befindet sich auf der Unterseite, so dass der Hinterleib mit seinem Vorderende ziemlich weit über jenen vorragt. Auf der Bauchseite liegen hinter dem Bauchstiel neben einander die beiden Kiemen oder Lungen. Sie sind von zwei fast dreieckigen, unbehaarten, hellgelblichen Kiemendeckeln bedeckt, welche nur an ihrem hintern Rande nicht mit der Körperhaut verwachsen, hier durch eine Spalte der Luft den Zutritt zu den Kiemen gestatten. Die Kiemen selbst, welche durch die Deckel etwas hindurchschimmern, bestehen aus vielen äusserst zarten Blättchen, welche am Grunde, am hintern inneren Winkel mit einander verwachsen sind. Beide Kiemen sind durch ein festes Band mit einander verbunden, durch welches bei der weiblichen Spinne eine Oeffnung für die Fortpflanzungsorgane führt. Bei dem Weibchen nämlich befindet sich zwischen der Basis der Kiemendeckel der Ausgang für die beiden Eileiter, welche von einander durch eine Scheidewand getrennt sind, und äusserlich eine Querspalte bilden. Die Mündung ist bei der Kreuzspinne in der Mitte von einem hornartigen Körper gedeckt, welcher aus einer kurzen breiteren Basis, und aus einem abstehenden, erst vorwärts, dann rückwärts gebogenen, und an der Spitze hakenförmig gekrümmten, geringelten Stiele besteht, den W a l c k e n a e r Epigyne nennt. Bei den jungen Weibchen fehlt dieser Stiel ganz, oder ist doch noch kurz; erst bei der erwachsenen Spinne erreicht er seine vollständige Entwickelung. — An dem hinteren Ende des Leibes befindet sich der After, und unter demselben die Spinnwarzen. Ihrer sind vier grössere, wie abgestumpfte Kegel gestaltet, und zwischen denselben in der Mitte stehen noch zwei kleinere blattartige. Die Spinnwarzen sind beweglich, können sich mit ihren Spitzen nach innen zusammenlegen, oder nach aussen auseinander spreitzen. Der untere grösste Theil jeder Spinnwarze wird von einem Hornringe umschlossen und ist behaart. Darüber folgen wechselweise zwei weiche Haut- und feste Hornringe, so dass die bei den untern Spinnwarzen etwas geneigte, bei den obern sehr schief aufgesetzte Endfläche ebenfalls beweglich ist. Die Endfläche jeder Spinnwarze ist etwas gewölbt, und wie eine Bürste mit einer grossen Menge eigenthümlich geformter Spitzen, den Spinnborsten, besetzt. Bei stärkerer Vergrösserung erscheinen diese Spinnborsten aus einer längern oder kürzeren geraden oder etwas gebogenen, nach oben verdünnten Röhre, und einer beweglich darauf stehenden Borste zusammengesetzt. Durch jede Röhre und Borste führt ein feiner Canal den klebrigen Spinnstoff, der an der Luft zum Faden erhärtet. Wenn die Spinne irgendwo einen Faden befestigen will, so reibt sie mit den Enden der Spinnwarzen, wie mit Pinseln, auf der Oberfläche des Körpers herum, wobei der hervortretende Spinnstoff daran klebt, hebt den Leib in die Höhe, und zieht so aus jeder Spinnborste einen Faden hervor, die sich alle zu einem Faden vereinigen. Nur wenn sie in ihrem Netze ein Insect schnell umwickeln will, vereinigt sie die vielen einzelnen feinen Fäden nicht, sondern dieselben bilden neben einander laufend ein Band. Die Zahl der Spinnborsten auf jeder Warze ist schätzungsweise 4—500. Die Haut der Spinne ist von pergament- oder lederartiger Beschaffenheit und überall behaart. Die Haut des Hinterleibes ist dünn, biegsam, aber fest, durchscheinend und von fasriger Structur. Der Vorderleib, die Beine, Fresswerkzeuge und Spinnwarzen sind mit einer dickeren, mehr hornartigen Haut bekleidet, nur in den Gelenken ist die Haut dünn und weich.

Nachdem wir die äussern Theile der Kreuzspinne, und damit im Wesentlichen aller Spinnen, kennen gelernt, wenden wir uns zu einer kurzen Uebersicht der innern Organisation, soweit dieselbe für unsern Zweck erforderlich ist. Zuerst betrachten wir das Muskelsystem. Die oben erwähnte Zunge verlängert sich nach hinten in einen eigenthümlich gestalteten knorpeligen Körper, das Zungenbein. Von diesem steigt ein starker Muskel gerade aufwärts und heftet sich in der Rückengrube, die er durch seine Zusammenziehung veranlasst, an das Rückenschild. Von seinem obern Ende laufen unter der Haut strahlenförmig Muskeln nach allen Seiten des Bruststückes, welche theils die Bewegung der Beine, theils nach hinten gehend an den Bauchstiel geheftet die Bewegung des Hinterleibes vermitteln. Von der Rückengrube erstreckt sich in der Mittellinie nach vorn ein festerer Streifen, von welchem die Muskeln für die Mundtheile ausgehen. — In dem Hinterleibe gehen von dem Bauchstiele zwei starke Muskelstränge aus, welche nahe der Unterseite neben einander bis zu einem hornigen Ringe, der die Spinnwarzen umgiebt, laufen, sich hier vereinigen, und mit einander durch eine sehnige Haut verbunden sind. Von diesen beiden Hauptsträngen steigen vier Paar Muskelfäden gerade aufwärts und heften sich in den oben erwähnten Rückenpuncten an die Rückenhaut, während kleinere Fäden nach unten gehen. Vor und hinter den Kiemendeckeln entspringen von den Hauptsträngen Muskelbündel, welche sich seitwärts an der Bauchhaut vereinigen, und so einen dreieckigen Raum einschliessen, in dem die Kiemen liegen; durch ihre Zusammenziehung oder Streckung wird der Kiemendeckel gekrümmt und geöffnet, oder gespannt und geschlossen. Endlich laufen von den beiden Hauptsträngen viele Muskelfäden aus, welche schräg aufsteigend eine Muskelhaut bilden, die den ganzen Hinterleib einschliesst. Von den Ernährungsorganen sind die Mundwerkzeuge oben bereits beschrieben. Ueber dem hintern Blatte der Zunge beginnt die Speiseröhre, läuft über den vordern Theil des Zungenbeines, und erweitert sich über dem hintern Theil desselben zum Magen. Der Magen ist dickwandig, ringförmig, und jederseits mit fünf blinddarmähnlichen starken gekrümmten Anhängen versehen. Durch den länglich viereckigen innern Raum des Magenringes geht jener Muskel, der vom Zungenbein zur Rückengrube aufsteigt. Aus dem Magen geht der verengte Darmcanal durch den Bauchstiel in den Hinterleib, wo er aufwärtssteigend sich stark erweitert, dann absteigend sich wieder verengt, und durch den After mündet. Der After ist, ähnlich den Spinnwarzen, eine abgestumpft kegelförmige Röhre, beweglich, und aus Hornringen, die mit weichen Hautringen abwechseln, zusammengesetzt, die Oeffnung durch eine mit steifen Härchen besetzte Platte halb verdeckt. Innerhalb des Hinterleibes ist der Darm, namentlich in seinem vordern und mittleren Theile mit einer flockigen Masse belegt, welche die Leber zu vertreten scheint. Kurz vor dem After münden in den Darm noch zwei kleine sackförmige Organe, welche mit baumförmig verzweigten Gefässen in Zusammenhang stehen, und wohl für Harnorgane zu halten sind. — Zu den Hilfsorganen der Ernährung gehören noch die Speicheldrüsen, welche bei der Spinne die Bedeutung von Giftdrüsen annehmen. Diese Giftdrüsen sind längliche gewundene Säcke, und liegen in dem Kopfe, zu jeder Seite der Speiseröhre eine, gleich unter den Augen. Sie sondern eine klare Flüssigkeit ab, die durch einen Ausführungscanal durch den Oberkiefer und die Fangkralle geleitet, durch eine feine Oeffnung an der Spitze der letztern, wenn die Spinne beisst, auszutreten scheint. Bei der Vogelspinne ist eine ovale Oeffnung deutlich zu sehen und zwar kurz vor der Spitze auf der Aussenseite der Fangkralle; bei unserer

Kreuzspinne habe ich die Oeffnung an der Spitze der Fangkralle entdeckt, obgleich R o e s e l und S w a m m e r d a m sie vergebens gesucht haben. W a l c k e n a e r (Hist. nat. des insectes aptéres T. 1. pag. 69) sagt darüber: »Ce petit trou, bien distinct dans la Mygale aviculaire, n'est pas visible dans toutes les espèces, et peut-être existe-t-il dans les autres à la pointe même de l'onglet.« Und in der That dürfen wir nicht zweifeln, dass eine solche Oeffnung bei allen Spinnen vorhanden, und durch sie das Gift austritt, weil wir die Wirkung desselben auf die von der Spinne gebissenen Insecten wahrnehmen.

Das Gefässsystem besteht aus einem Rückengefäss im Hinterleibe, welches vorn über dem Bauchstiel mit einem dicken Theil beginnt, von hier im Bogen aufwärtssteigt, in der Mitte des Rückens allmählich dünner werdend nach hinten verläuft, im hintern Theile dicht unter der Haut liegend und durch dieselbe bisweilen durchschimmernd. Von dem vordersten Ende gehen zwei Seitenäste, den Darm umfassend, zu den Kiemen; weiterhin entsendet es zwei Aeste nach oben, zwei nach unten und zwei nach den Seiten, und verliert sich am hintern Ende in feine Verzweigungen. Das Rückengefäss treibt durch seine Pulsationen das Blut von hinten nach vorn und zu den Kiemen.

Die Athmungsorgane sind bereits oben beschrieben. Unter den einheimischen Spinnen weichen nur die Gattungen Dysdera und Segestria in Rücksicht der Respiration von der Einrichtung der Kreuzspinne ab, insofern sie vier Spalten haben, von denen nur das obere Paar zu Kiemen, das untere aber zu Tracheen führt.

Der Centralkörper des Nervensystems liegt im Vorderleibe unmittelbar über dem Bauchschilde. Von ihm gehen jederseits vier Nerven zu den Beinen, nach vorne zwei, welche Zweige für die Mundwerkzeuge und die Augen geben, und zwei nach hinten, die sich in dem Hinterleibe in acht bis zehn Aeste theilen.

Von Sinneswerkzeugen kann man weder ein besonderes Gehör-, noch Geruchsorgan wahrnehmen, obgleich die Spinnen gewiss hören und riechen. Die Augen sind einfach und bestehen aus einer stark gewölbten Krystalllinse, über der die Oberhaut die Beschaffenheit einer durchsich-

tigen Hornhaut annimmt, die bei jeder Häutung mit abge-
worfen wird. Die Generationsorgane bestehen bei der weiblichen
Spinne aus zwei Ovarien, welche sich durch zwei kurze
Ausführungsgänge auf die oben beschriebene Weise münden. Die Ovarien sind im unentwickelten Zustande
schlauchförmig, liegen der Länge nach im Hinterleibe
zwischen den oben erwähnten gerade aufsteigenden vier
Paar Muskelfäden, und sind mit einer fast gleichförmig
schwammigen, höchst feinkörnigen Masse, den Eierkeimen,
angefüllt. Nach der Befruchtung dehnen sie sich sehr aus,
nehmen den grössten Theil des Raumes im Hinterleibe ein,
und bilden, da die Muskelstränge nicht nachgeben, Aus-
buchtungen zwischen denselben nach den Seiten hin, so
dass sie dreilappig erscheinen. — Die männlichen Generationsorgane bestehen aus zwei einfachen, wenig gewundenen Schläuchen. Nach der Beobachtung des Herrn Oberlehrer Dr. Boettcher (Ueber den anatomischen Bau der
Kreuzspinne, im Programm der höhern Bürgerschule zu
Graudenz 1850, pag. 15) münden sich dieselben durch
kurze Ausführungscanäle in zwei halbkugeligen Knöpfchen,
welche auf der Unterseite unmittelbar hinter den Kiemen
liegen, durch enge Oeffnungen. Ich habe die letzteren
nicht wahrnehmen können, und Walckenaer leugnet
entschieden das Vorhandensein von Oeffnungen an dieser
Stelle (Ins. apt. T. 1, pag. 101). Er vermuthet, dass sehr
feine Samengänge von den Testikeln bis in die Palpen führen, während Herr Boettcher das Vorhandensein solcher
Gänge ganz in Abrede stellt. — Der eigentliche Hergang
bei der Begattung ist immer noch zweifelhaft. Was die
Beobachtung darüber lehrt, ist Folgendes. Wenn das
Männchen der Kreuzspinne, oder irgend einer andern Art
sich begatten will, so nähert es sich vorsichtig dem Weibchen, aus Furcht, von demselben aufgefressen zu werden.
Ist das Weibchen zur Begattung geneigt, so hängt es sich
mit dem Bauche nach oben gekehrt auf, das Männchen
kommt heran und berührt in schneller Folge abwechselnd
mit seinen Tasterkolben die Genitalien des Weibchens.
Darauf schwellen die fleischigen Lappen der Tasterkolben
an und zeigen eine innere Bewegung, die, wie Walckenaer

sich ausdrückt, über ihre Natur keinen Zweifel lassen. Während dieses Actes sind die Spinnen von ihren Empfindungen meistens so hingerissen, dass sie nichts von dem, was um sie vorgeht, zu merken scheinen. Dieser Act wird in kurzer Zeit mehrmals hinter einander wiederholt. Ist die Begattung beendigt, so entfernt sich das Männchen schnell. denn wenn es zu lange zögert, wird es ohne Umstände vom Weibchen gepackt und verzehrt. Während des ganzen Vorganges bemerkt man nie, dass das Männchen einen Versuch oder eine Bewegung machte, mit seinem Hinterleibe den des Weibchens zu berühren, oder seinen eigenen Hinterleib mit den Tasterkolben zu berühren. Daraus scheint denn zu folgen, dass wirklich die Taster als Zeugungsglieder dienen, wiewohl es dabei unerklärt bleibt, wie der Same bis in dieselben gelangt. Wenn Treviranus behauptet, dass die Begattung durch Aneinanderlegen der Hinterleiber beider Geschlechter geschehe, so ist das wohl nur eine Hypothese, die auf keiner Beobachtung beruht. Ich wenigstens habe hundertfältig den Hergang genau so gesehen, wie ich ihn eben nach Walckenaer beschrieben. — Neuerdings hat der Herr Oberlehrer Menge (Neueste Schriften der naturforschenden Gesellschaft in Danzig, Band IV, Heft 1) eine Beobachtung gemacht, die ich aber bis jetzt nicht so glücklich gewesen bin, durch eigene Erfahrung bestätigt zu sehen. Er sagt nämlich, dass das Männchen vor der Begattung zwischen zwei im Winkel zusammenlaufenden Fäden Querfäden ziehe, so dass dadurch gleichsam eine kleine dreieckige Brücke entstehe; dann drücke es seinen Hinterleib mit der Stelle, wo im Innern die Samenbläschen liegen, gegen diese kleine Brücke, wodurch Samentröpfchen herausgetrieben würden, die es dann mit seinen Tasterkolben aufnehme und auf die Vulva des Weibchens übertrage.

Die Organe zur Bereitung der Spinnfäden liegen in dem hintern Theile des Hinterleibes und sind zweierlei Art. Die einen nämlich bestehen in sechs darmartig gewundenen Schläuchen, deren Ausführungsgänge nach den Spinnwarzen führen. Die andere Art von Spinngefässen ist viel feiner und bildet ganz in der Nähe der Spinnwarzen eine flockige Masse. Bei starker Vergrösserung löst sich

diese Masse in eine grosse Zahl kleiner Bläschen auf, deren
jedes einen dünnen gewundenen fadenartigen Ausführungs-
gang hat, welche sich alle zu Bündeln vereinigen und sich
in die Spinnwarzen senken. Die Form der Bläschen ist
verschieden, und alle sind mit Fettkügelchen besetzt. Die
Einrichtung der Spinnorgane ist indessen nicht bei allen
Spinnen ganz übereinstimmend. So haben die Clubionen
nur vier grosse am Ende verzweigte, die Hausspinne auch
vier, aber unverzweigte Gefässe. — Die Kreuzspinne, so
wie die meisten Netze machenden Spinnen, kann Fäden
von verschiedener Beschaffenheit erzeugen. So sind die
Fäden ihres Netzes, welche concentrische Kreise bilden,
mit klaren klebrigen Tröpfchen besetzt, wodurch die Insecten festgehalten werden, während die Fäden, welche die
Radien bilden, trocken und ohne solche Tröpfchen sind;
und diejenigen Fäden, womit sie ihre Eier umspinnt, sind
wieder ganz anders, nämlich gelb, stärker als die des
Netzes und auch nicht klebrig, so dass man sie abwickeln
kann. Ob sie zur Erzeugung der verschiedenen Fäden
verschiedene Organe benutzt, und welche, lässt sich schwer
entscheiden.

Gewöhnlich ziehen die Spinnen die Fäden aus ihrem
Leibe, indem sie das Ende irgendwo ankleben. Aber sie
können dieselben auch heraustreiben, und auf diese Weise
entstehen die sogenannten Jungfernfäden oder der fliegende
Sommer. Mit Vergnügen habe ich dies interessante Schau-
spiel vor Jahren einige Stunden lang beobachtet, und es
später oft gesehen. Im Anfang des October an einem warmen hellen Tage befand ich mich neben der Chaussee von
Bartenstein nach Rastenburg auf einer ausgeholzten Wald-
fläche, auf der noch vieles Ellerngesträuch und Holzklaftern
standen. Tausende von Spinnen verschiedener Art waren
in munterer Thätigkeit, so dass oft zehn oder mehr auf
einem einzigen Blatte sassen. Alle schienen bestrebt, einen
hohen freien Standpunct, etwa die Spitze eines Blattes oder
Zweiges zu erreichen. Hier angekommen kehrte die Spinne
ihren Kopf gegen den Wind, hob sich hoch auf ihren Beinen empor, streckte den Hinterleib schräg aufwärts, und
trieb aus den Spinnwarzen einen Faden, der frei in der
Luft flatterte. War der Faden zehn bis zwanzig Fuss lang,

so schwang sie sich empor, und schwebte nun von dem Faden getragen durch die Luft, bis der Faden an dem nächsten hohen Gegenstande hängen blieb, wo das Spiel von neuem begann. Indem unzählige Spinnen dasselbe thaten, erfüllte sich die Luft in kurzer Zeit mit Fäden, die bald einzeln an Bäumen u. s. w. flatterten, bald zu Gewinden und Haufen, die stark genug waren, mehrere Spinnen zu tragen, zusammengeballt, gleich Luftschiffen davonsegelten. Unter den Spinnen, welche diese Fäden hervorbrachten, habe ich besonders in grosser Zahl Pachygnatha Listeri und Degerii und mehre Micryphantes-Arten im erwachsenen Zustande, so wie junge Exemplare von Xysticus viaticus und Leimonia paludicola bemerkt, was um so auffallender ist, als diese beiden letzten Gattungen sonst keine Gewebe machen. Kreuzspinnen oder andere Radspinnen habe ich nie unter ihnen bemerkt. Wenn man bei einigen Autoren andere Erklärungsarten für diese Jungfernfäden findet, so mögen dergleichen wohl entweder auf der Studierstube ausgedacht sein, oder wie die von Walckenaer (l. c. T. I. pag. 131) gegebene, sich auf vereinzelte Beobachtungen gründen.

Wenn es gelungen ist, sich durch die Vergleichung der vorstehenden Beschreibung der Kreuzspinne mit der Natur eine klare Anschauung von derselben und damit der Spinnen überhaupt zu verschaffen, so wird hoffentlich das Verständniss der nachfolgenden Uebersicht der Ordnungen, Familien und Gattungen, so wie der Beschreibungen der einzelnen Species unserer preussischen Spinnen keine Schwierigkeit haben. Mir bleibt daher nur noch übrig, einige Worte über das Fangen und Aufbewahren derselben zu sagen.

Ausser dem natürlichen Widerwillen, den viele Menschen gegen diese doch so interessanten Thiere empfinden, ist gewiss auch die Schwierigkeit, sie zu fangen und aufzubewahren, Schuld daran, dass sie gegen andere Abtheilungen der Gliederthiere verhältnissmässig so sehr vernachlässigt sind. Die grosse Beweglichkeit und Schnelligkeit der meisten Arten macht es schwer, sie zu haschen, und die Zartheit und Weichheit ihres Körpers verbietet jedes unvorsichtige harte Zugreifen, wenn man sie im unverletz-

ten Zustande bekommen will. Die meisten derjenigen
Arten, welche sich in ihren in der Luft ausgespannten Ge-
weben aufhalten, haben überdem die Gewohnheit, sich bei
der leisesten Berührung mit eingezogenen Beinen herab-
fallen zu lassen und schnell im Grase u. s. w. eine Zuflucht
zu suchen, und sich dem Auge zu entziehen. Bei einiger
Uebung dient zwar diese Gewohnheit gerade dem Jäger zum
Vortheil, indem die Spinnen in ein geschickt vor- oder
untergehaltenes Glas von selbst fallen oder springen;
immer aber ist doch ein Fangschirm oder Käscher fast un-
entbehrlich, in den man bald die Spinnen von den Büschen
u. s. w. abklopft, bald die auf der Erde laufenden hinein-
jagt, oder sie aus dem Wasser schöpft, um sie bequemer
und ohne sie zu berühren, wodurch sie leicht verletzt,
namentlich die sie bedeckenden Haare und Schuppen abge-
streift werden, in ein Glas zu bringen. Ausserdem muss
man sich mit einer kleinen Zange oder Pincette versehen,
um die Spinnen aus den Ritzen und Rissen der Baumrin-
den u. s. w., wo sie sich verkriechen, hervorzuholen. Eine
reiche Fundgrube für manche Arten, besonders aus der
Familie der Drassides, ist Moos und Laubmulm. Man
thut daher wohl, sich bei seinen Excursionen mit einem
Beutel zu versehen, den man damit füllt, um nachher aus
dem auf einem weissen Tuche ausgebreiteten Moos oder
Laub die darin versteckten Spinnen herauszusuchen. Besonders ergiebig ist diese Quelle in der kalten Jahreszeit,
weil dann auch viele Arten, die sonst in der Luft leben,
dort eine Zuflucht gegen die Kälte suchen. Will man die
Spinnen lebendig nach Hause bringen, so darf man sie
nicht zusammensperren, weil sie sich gegenseitig verstüm-
meln und auffressen. Daher muss man sich mit vielen
kleinen Kästchen oder Gläsern versehen, um in jedes eine
Spinne zu schliessen; will man dies nicht, so bleibt nichts
übrig, als sie sogleich in Spiritus zu tödten, oder in das
trockene Glas einen in Aether getauchten Papierstreifen zu
thun, wodurch sie bald betäubt werden. — Die Spinnen zu
ihrer Aufbewahrung wie andere Gliederthiere aufzustecken
und zu trocknen, ist ganz unthunlich, weil sie bis zur Un-
kenntlichkeit zusammenschrumpfen. Sie können daher
nur in Flüssigkeiten, jede Art in einem besondern Gläs-

chen, bewahrt werden. Einige schlagen hiezu rectificirtes
Terpentinöl, Andere eine Lösung von kohlensaurem Kali,
oder von Alaun und Salpeter vor; ich halte nach langjähri-
ger Erfahrung für das Beste, die Spinnen in Spiritus zu
halten, denn wenn auch einige darin ihre Farbe verlieren
oder verändern, so bleiben sie doch darin weich und die
Glieder biegsam, und die meisten bewahren auch die Farbe
und Zeichnung noch nach vielen Jahren ziemlich gut. Ich
halte daher alle meine Spinnen in Spiritus, habe auch
grösstentheils nach solchen Exemplaren meine Beschreibungen gemacht, und nur solche, die erfahrungsmässig in
Spiritus ihre Farbe auffallend verändern, wenn es irgend
möglich war, nach lebenden Exemplaren beschrieben.

Die Citate bei der Beschreibung der einzelnen Spinnen
beziehen sich auf das von H a h n angefangene und von
K o c h fortgesetzte Werk in 16 Bänden: »Die Arachniden,
getreu nach der Natur abgebildet und beschrieben. Nürnberg in der C. H. Zeh'schen Buchhandlung 1831 u. f.«
Die ersten beiden Bände sind von H a h n, die folgenden
von K o c h herausgegeben.

Uebersicht der Familien

der echten oder Lungenspinnen, Araneides.

A. Sesshafte oder stationäre Spinnen, Sedentes. Sie machen Gewebe, oder ziehen wenigstens Fäden, um ihre Beute zu fangen, und halten sich in oder neben denselben auf. Ihre Augen stehen vorn auf der Breite der Stirne nahe beisammen in zwei geraden oder gekrümmten Reihen.

a. Geradlaufende Spinnen, Rectigradae. Sie laufen nur geradaus, ihre Schenkel sind in der Ruhe aufgerichtet. Vorder- und Hinterleib gewölbt. Die Augen sind in zwei gerade oder gebogene Linien geordnet (Fig. 1—30). Sie weben Gespinnste und halten sich die meiste Zeit in denselben auf.

α. Der Hinterleib dick und aufgetrieben, mehr oder weniger kugelförmig. Die Spinnwarzen an der Spitze auf der Unterseite des Hinterleibes, kegelförmig, wenig vorstehend, in der Ruhe convergirend, ein Röschen bildend. Der Cephalothorax breit, sich oft der Kreisform nähernd, der Kopf deutlich vom Thorax durch zwei oben in einer Grube sich vereinigende Furchen unterschieden. Die Seitenaugen (ausser bei Tetragnatha) sehr nahe beisammen (Fig. 1—15). Beine lang und schlank, das vorderste Paar das längste.

I. Familie, Epeirides oder Orbitelae, Radspinnen.

Sie machen radförmige verticalstehende Netze mit concentrischen Kreisen und durchlaufenden Radien, in deren Mitte oder Nähe sie auf Beute lauern. Die Stirn ist niedrig, die Augen nahe dem einwärtsgebogenen Vorder-

rande. Acht Augen, die vier mittelsten im Quadrat oder
Rechteck gestellt, oder das hintere Paar näher beisammen
als das vordere (Fig. 1—7). Die Maxillen gerade, meistens
zu einer breiten spatelförmigen Schuppe erweitert. Das
erste Beinpaar stets das längste, und nächst dem das zweite.
Beine ziemlich stark. Die Füsse mit zwei mehrzähnigen
Hauptkrallen und einer kleineren zweizähnigen Afterkralle;
die weiblichen Taster mit einer mehrzähnigen Kralle. Der
Hinterleib meistens breit oval, gewölbt, oder von oben
etwas niedergedrückt (nur bei Tetragnatha lang gestreckt,
cylindrisch) ; oben auf demselben meistens ein deutliches,
scharfrandiges und an den Seiten gezacktes Rückenfeld,
unten auf dem Bauche zwei gegen einander gekrümmte
Längsflecken weiss oder gelb. Sie sind im Spätsommer
oder Herbste ausgewachsen, legen ihre Eier, die im Frühjahre auskommen, im Herbste an Zäune, Baumstämme
u. s. w. in ein Häufchen und überspinnen sie mit einer
seidenen, meistens gelben Hülle ; die alten Spinnen scheinen alle im Spätherbste unterzugehen und nicht zu überwintern.

II. Familie, Theridides oder Iniquitelae, Webespinnen.

Sie machen in Gesträuchen u. s. w. Gespinnste in Gestalt eines unregelmässigen Gewebes, dessen Fäden sich in
allen Richtungen durchkreuzen ; meistens weben sie darunter noch ein kleines horizontalstehendes Radnetz; sie
lauern meistens in ihrem Gewebe an den Füssen, mit dem
Rücken nach unten hängend. Neben dem Fangnetze
machen sie meistens im Sommer ein glockenförmiges kleines Brutnetz, in dem das Weibchen einen oder mehre
kleine Cocons bewacht. Die meisten überwintern in Moos
u. dergl. Die Stirn hoch, unter den Augen meistens eingebogen. Acht Augen, die vier Mittelaugen im Quadrat,
oder das vordere Paar näher beisammen als das hintere ;
die Seitenaugen nahe beisammen (Fig. 8—15). Die Maxillen gegen die Spitze gar nicht, oder wenig erweitert,
meistens einwärts gegen die Unterlippe geneigt. Beine
dünn und schlank, folgen ihrer Länge nach in der Reihe 1,
4, 2, 3 oder 1, 2, 4, 3. Die Füsse mit zwei mehrzähnigen
Hauptkrallen und einer ein- bis zweizähnigen Afterkralle

(nur Dictyna hat eine sechszähnige Afterkralle) ; die weiblichen Taster mit einer ungezähnten oder mehrzähnigen - Kralle (nur Erigone und Micryphantes haben keine Tasterkralle). Der Hinterleib meistens hoch gewölbt, oft fast kugelförmig, oder von den Seiten zusammengedrückt.

β. Der Hinterleib meistens walzenförmig, die Spinnwarzen am Ende desselben, cylindrisch, einander parallel oder büschelförmig nach hinten gerichtet. Der Cephalothorax meistens der Cylinderform sich nähernd, der Kopf vom Thorax entweder nur undeutlich geschieden, oder doch die Scheidungsfurchen nicht so tief als bei den vorigen. Die Seitenaugen nicht nahe beisammen (Fig. 16 —30). Die Beine stark ; bei den meisten das hinterste Beinpaar das längste, oder die Beine fast gleich lang,

III. Familie, Agelenides oder Tapitelae, Trichterspinnen.

Sie weben in Mauerwinkeln, zwischen Pflanzen u. s. w. ein horizontales florartiges Netz mit unregelmässigen Maschen, welches sich nach unten in eine trichterförmige Röhre endigt, in der sie lauern. Kopf deutlich vom Thorax geschieden, oben etwas kielförmig. Die beiden obern Spinnwarzen sind länger als die untern. Acht Augen in zwei gebogenen meistens parallelen Reihen; die mittleren stehen weiter vom Vorderrande des Kopfes als die Seitenaugen (Fig. 16—19). Das vierte Beinpaar das längste. Die Füsse mit zwei vielzähnigen Hauptkrallen und einer Afterkralle, welche 3 bis 5 lange Zähne hat; die weiblichen Taster mit einer ein- bis vielzähnigen Kralle. Die Maxillen gerade, cylindrisch, fast parallel.

IV. Familie, Drassides oder Niditelae, Sackspinnen.

Sie weben in Mauerritzen, in Blättern, unter Steinen u. s. w., Argyroneta im Wasser zwischen Pflanzen, sackförmige Zellen. Ihre Spinnwarzen sind cylindrisch, nicht zusammengeneigt, entweder gleich lang, oder die untern länger. Hinterleib und Vorderleib meistens cylindrisch oder länglich oval, Kopf und Brust meistens undeutlich geschieden. Beine stark und kurz, meistens das letzte

Paar das längste. Füsse mit zwei vielzähnigen Hauptkrallen (nur bei Macaria mit 1 bis 3 schwachen Zähnchen
oder ungezahnt); die Afterkralle fehlt (nur Amaurobius und
Argyroneta haben eine Afterkralle mit resp. 2 und 3 langen Zähnen); weibliche Taster mit einer meistens kleinen
und ungezahnten Kralle. Acht Augen in zwei meistens
fast parallelen Reihen (Fig. 20—28). Die Maxillen fast
cylindrisch, gerade oder gekrümmt.

V. Familie, Dysderides oder Tubitelae, Röhrenspinnen.

Sie weben unter Steinen, in Ritzen, Rohrdächern
u. s. w. Röhren von weisser dichter Seide. Sie haben nur
sechs Augen (Fig. 29 — 30). Der Körper walzenförmig,
die Beine kurz und stark. Füsse mit zwei vielzähnigen
Hauptkrallen und einer einzähnigen Afterkralle; weibliche
Taster mit einer ungezahnten Kralle.

b. Krabbenspinnen, Laterigradae. Sie
strecken in der Ruhe die Beine ihrer ganzen Länge nach
auf dem Boden aus, und bewegen sich gleitend vor-, rück-
und seitwärts. Der Körper ist meistens breit und platt,
krabbenförmig. Die acht Augen bilden durch ihre Stellung
meistens ein Kreissegment oder einen Halbmond (Fig. 31
—39). Sie machen keine Gewebe, sondern treiben nur
einzelne Fäden, um sich daran herabzulassen. Gewöhnlich
halten sie sich ruhig an Baumstämmen u. s. w. mit aus-
gestreckten Beinen und anliegendem Leibe auf. Füsse mit
zwei vielzähnigen Hauptkrallen; die Afterkralle fehlt den
meisten, nur Episinus und Mithras hat eine zweizähnige,
Sphasus eine dreizähnige Afterkralle; weibliche Taster mit
einer mehrzähnigen Kralle.

VI. Familie, Thomisides, Krabbenspinnen.

B. Umherschweifende Spinnen, Vagan-
tes. Alle haben acht Augen in drei Reihen, nämlich vier
in der vordersten Reihe, in der zweiten und dritten Reihe
je zwei Augen (Fig. 40—55). Sie machen keine Gewebe
zum Fangen, sondern lauern auf Beute und haschen sie
laufend oder springend.

VII. Familie, Lycosides, Wolfsspinnen.

Die vier Augen der vordern Reihe sind klein, die der
zweiten und dritten viel grösser (Fig. 40—48). Die Maxillen gerade, schmal spatelförmig. Das letzte Beinpaar
ist das längste. Füsse mit zwei vielzähnigen Hauptkrallen
und einer meistens ungezähnten Afterkralle (nur Zora hat
keine Afterkralle) ; weibliche Taster mit einer mehrzähnigen Kralle. Sie schweifen stets nach Beute auf der Erde
umher. Das Weibchen schliesst seine Eier in einen
kugeligen Cocon, den es mit sich herumträgt oder darüber
sitzend bewacht.

VIII. Familie, Attides, Springspinnen.

Die vier Augen der vordersten Reihe, besonders die
beiden mittelsten derselben sehr gross ; die äussern Vorderaugen und die beiden hintern Scheitelaugen in der Grösse
nicht merklich verschieden, aber immer kleiner als die
mittlern Vorderaugen ; die vordern Scheitelaugen sehr klein
(Fig. 49—55). Die Maxillen am Ende etwas verbreitert.
Die Beine stark und zum Springen eingerichtet; das letzte
Beinpaar das längste, nächst dem das erste, dann folgt der
Länge nach in der Regel das dritte, und am kürzesten ist
das zweite, bisweilen ist das zweite und dritte Paar kaum
verschieden (nur bei Euophrys radiata ist das erste Paar
das längste). Afterkralle und weibliche Tasterkralle fehlt
immer ; die beiden Hauptkrallen der Füsse sind schlank,
mit kurzen Zähnen, an der äussern Kralle weniger Zähne
als an der innern, bisweilen ungezähnt; an den Hauptkrallen befinden sich stets Büschel von federartigen Haaren.
— Sie bauen an Pflanzen oder Steinen u. s. w. ein seide-
nes Nest in Gestalt eines eiförmigen oder runden Sackes,
worin sie ihre Eier bewachen.

2*

I. Familie Epeirides, Radspinnen.

Uebersicht der Gattungen.

A. Die Seitenaugen nahe bei einander, sich fast berührend; Hinterleib oval; Maxillen kurz, breit, fast
kreisförmig, abgerundet.

a. Das dritte Beinpaar hat mehr als die halbe Länge
des ersten ; Weibchen meistens mit einem vorstehenden Epigynum an den Genitalien ; das vierte Tasterglied des Mannes kurz, breit, napfförmig.

α. Die hintern Mittelaugen näher beisammen als die
vordern, alle fast gleich gross.

1. Gattung **Epeira.** Die Seitenaugen doppelt so
weit von den Mittelaugen als diese von einander
entfernt (Fig. 1).

2. Gattung **Singa.** Die Seitenaugen so weit von
den Mittelaugen wie die vordern Mittelaugen
von einander entfernt (Fig. 2).

β. Die vier Mittelaugen bilden ein Rechteck, die hintern sind merklich grösser als die vordern Mittelaugen.

3. Gattung **Miranda.** Die Seitenaugen mehr als
doppelt so weit von den Mittelaugen als diese
von einander, die Seitenaugen etwas weiter vom
Vorderrande entfernt als die Mittelaugen (Fig. 3).

4. Gattung **Atea.** Die Seitenaugen weniger als
doppelt so weit von den Mittelaugen als diese
von einander entfernt, die vier Vorderaugen in
einer geraden Linie (Fig. 4).

b. Das dritte Beinpaar hat weniger als die halbe Länge
des ersten ; das Epigynum nicht vorstehend; das
vierte Tasterglied des Mannes cylindrisch, länger als
dick ; die Mittelaugen im Rechteck gestellt, die Seitenaugen wenig weiter von den Mittelaugen als diese
von einander, die hintern Augen fast in gerader
Linie (Fig. 5).

5. Gattung **Zilla.** Das vierte Tasterglied des Mannes wenig länger als das dritte , etwas verkehrt
kegelförmig.

6. Gattung **Zygia**. Das vierte Tasterglied des Mannes mehr als doppelt so lang als das dritte.

c. Das dritte Beinpaar halb so lang als das erste: kein Epigynum; das vierte Tasterglied des Mannes wie bei Zilla; die vordern Mittelaugen etwas kleiner und näher zusammen als die hintern, die Seitenaugen so weit von den mittleren als diese von einander, die hintern Augen in gerader Linie (Fig. 6).

7. Gattung **Meta** (zum Theil). *

B. Die vordern Seitenaugen von den hintern so weit wie die vordern von den hintern Mittelaugen abstehend, die beiden Augenreihen gerade und parallel (Fig. 7). Der Leib lang, schmal, cylindrisch. Die Maxillen sehr lang, divergirend, an der Spitze nach aussen verbreitert.

8. Gattung **Tetragnatha**.

1. Gattung Epeira.

A. Hinterleib mit vorragenden Schulterhöckern. Sie bauen kein Zelt neben dem Netze, lauern in der Mitte des Netzes.

Epeira Diadema, Kreuzspinne. Weib 7—9′′′, Mann 5′′′ lang. Schulterhöcker des Hinterleibes wenig vorstehend. Gelb, röthlich, braun, grau oder schwarz. Auf dem Vorderleibe jederseits ein breiter Bogenstreif und ein Mittelstreif braunschwarz. Auf dem dunkleren Rückenfelde des Hinterleibes in der Mitte eine Längsreihe grösserer, eine diese kreuzende Reihe kleinerer Flecken, so wie zerstreute Flecken weiss. Die Schienbeine des zweiten Beinpaares der Männchen verdickt. — Ueberall sehr gemein: im

---

* Die Gattung Meta bildet in jeder Hinsicht den Uebergang von den Epeirides zu der Gattung Linyphia unter den Theridides. Von den Kochschen bei uns vorkommenden drei Arten habe ich nur Meta Merianae beibehalten können, während Meta tigrina ganz entschieden eine Linyphia ist, und Meta cellulana, wenn auch durch die Tasterkralle des Weibes mit Meta verwandt, doch nach den Augen und übrigen Kennzeichen sich mehr der Gattung Linyphia nähert.

Herbste erwachsen. **Koch** XI. Fig. 910. **Hahn** II.
Fig. 110.

Epeira dromedaria. Weib $3\frac{1}{2}$—4′″, Mann $2\frac{1}{2}$′″ lang.
Schulterhöcker des Hinterleibes hoch, kegelförmig. Vorderleib schwarzbraun, in der Mitte ein hinten breiterer
Längsstreif rostgelblich. Hinterleib gelblich, schwarz gefleckt; Rückenfeld mit schwarzbraunen Querflecken; am
Vorderrande in der Mitte ein kielförmiger Vorsprung blassgelblich. Schenkel gelb, nur an der Spitze ein Ring
schwarzbraun. Die Schienbeine des zweiten Beinpaares
der Männchen nicht auffallend verdickt. Selten; gerne auf
Gebüsch an Waldrändern; schon im Mai reife Exemplare.
Koch XI. Fig. 906, 907.

Epeira angulata. Weib 8—9′″, Mann 6′″ lang. Schulterhöcker des Hinterleibes hoch, kegelförmig. Vorderleib
schwarz. Hinterleib schwarzbraun; das Rückenfeld schwarz-
und weissstaubig: in seiner Mitte eine Längsreihe gelber
oder weisser Flecken, welche vor den Schulterhöckern erst
einen fast geschlossenen Ring, dahinter eine grössere und
dann eine kleinere spindelförmige Figur bilden. Schenkel
gelb, an der Spitze ein breiter, in der Mitte ein schmalerer,
am Grunde ein noch schmalerer Ring schwarzbraun. Die
Schienbeine des zweiten Beinpaares der Männchen stark
verdickt. Selten; vorherrschend in grossen Nadelholzwaldungen; im Spätsommer erwachsen. **Koch** XI. Fig.
892, 893.

    B. Hinterleib am Vorderrande abgerundet, ohne Schul-
terhöcker. Sie bauen neben dem Netze unter Blättern
u. s. w. ein Zelt, das mit dem Netze durch einen Faden verbunden ist, um darin zu lauern.

    a. Der Hinterleib des Weibes fast kugelrund; die
Schienbeine des zweiten Beinpaares der Männchen stark verdickt.

Epeira quadrata. Weib 8′″, Mann $3\frac{1}{2}$—4′″ lang.
Vorderleib hornfarbig gelblich mit drei braunen Längsstreifen. Hinterleib olivengelb, grün oder roth; auf der vordern
Hälfte des Rückens vier grössere Flecken im Trapez
stehend, in der Mitte vorn ein Längsstreifen und dahinter
eine Längsreihe kleinerer Flecken, ein Schulterfleck und
der Zackenrand des Rückenfeldes weiss. Beine gelblich,

schwarzbraun geringelt. Ueberall sehr häufig, auf Gesträuch, gerne an feuchten Stellen; im Spätsommer reif.
Koch V. Fig. 381, 382. Vergl. die folgende.

Epeira marmorea. Weib 9''', Mann 4—4½''' lang.
Vorderleib hellgelb oder gelbbräunlich, mit drei braunen
Längsstreifen. Hinterleib olivengelb, dunkelbraun geadert; die Zeichnung ähnlich wie bei Ep. quadrata, die
Flecken bei dem erwachsenen Weibchen scharlachroth, bei
dem jungen Weibchen und dem Männchen gelblich oder
weiss. Beine weisslich, mit rothen, bisweilen braunen
Ringen. Ziemlich häufig, auf Gesträuch; im Spätsommer
erwachsen. Koch V. Fig. 379, 380. Siehe die Anmerkung.*

Epeira pyramidata. Weib 6—8''', Mann 4—5''' lang.
Vorderleib bräunlich gelb, breite Seitenstreifen und eine
Mittellinie braunschwarz. Hinterleib weiss oder grünlich
gelb, in den Seiten und am Vorderrande braun marmorirt,
auf dem Rücken auf der hintern Hälfte ein gezackter, nach
hinten schmäler werdender Längsstreif schwarz. Beine

---

* **Anmerkung.** Ep. quadrata und marmorea sind in Grösse,
Gestalt und Zeichnung sehr ähnlich, daher leicht zu verwechseln.
Unterschiede sind wesentlich folgende. Bei Ep. quadrata der Mittelstreif des Vorderleibes breit, der Hinterleib des Weibchens fast
kugelrund, das Epigynum unten breit, oval, oben verschmälert;
bei dem Männchen die Schienbeine des zweiten Paares an der innern Seite angeschwollen, mit starken Dornen besetzt, fast gerade;
an den sehr complicirten Tasterkolben des Männchens auf der Unterseite nach aussen ein pfriemenförmiges dickes horniges braunes
Körperchen, das auf dem einen Ende in eine, auf dem andern breiteren Ende in zwei gablige scharfe Spitzen ausläuft; die Beine
immer schwarzbraun geringelt. Bei Ep. marmorea der Mittelstreif
des Vorderleibes eine schmale Linie, der Hinterleib des Weibchens
etwas länglicher, hinten spitzer, das Epigynum von unten an
schmal, linear; bei dem Männchen die Schienbeine des zweiten
Paares wie bei Ep. quadrata, aber stärker verdickt und gekrümmt,
und an den Hüften desselben Paares am Grunde auf der Unterseite ein kleiner gekrümmter, nach hinten gerichteter Zahn, der
bei Ep. quadrata fehlt; an den Tasterkolben des Männchens an
derselben Stelle wie bei Ep. quadrata ein Körperchen, das kürzer
als dort, fast viereckig und an den beiden vordern Ecken mit je
einem nach vorne gerichteten Zahne versehen ist; bei reifen Exemplaren die Ringe an den Beinen, wenigstens an den Schenkeln der
vordern Beine schön zimmetroth, und wenn braun, doch mit einem
Stich ins Rothe.

weisslich, die Glieder an den Enden rostroth oder braun.
Ziemlich häufig, gerne in trockenen Waldungen, im Spätsommer reif. Koch XI. Fig. 912. Ep. scalaris Hahn II.
114.

b. Der Hinterleib oval; die Schienbeine des zweiten
Beinpaares der Männchen nicht verdickt.

Epeira arundinacea. Weib 4—5''', Mann 3—4''' lang.
Vorderleib rostgelb, weiss behaart. Hinterleib staubig
weisslich, das zackige Rückenfeld staubig schwarz, vor
dem zweiten Paar der Rückenstigmen von einem breiten
hellen Querstreif durchbrochen; über dem Vorderrande
ein kegelförmiger, und hinter diesem ein langer spindelförmiger schwarzer Fleck, weiss eingefasst; der hintere
Theil des Rückenfeldes mit weissen Querlinien. Beine
gelblich weiss, die Spitzen der Glieder schwarz. Sehr häufig an Wasserpflanzen und niederm Gebüsch in der Nähe
von Gewässern, den ganzen Sommer hindurch. Koch XI.
Fig. 913. Ep. apoclisa Hahn II. Fig. 116. Vergl. die
folgende.

Epeira patagiata. Weib 4—5''', Mann 3—4''' lang.
Vorderleib rostroth, weiss behaart. Hinterleib staubig
bräunlich, das zackige Rückenfeld dunkler braun, vor dem
zweiten Paar der Rückenstigmen von einem breiten hellen
Querstreif durchbrochen; über dem Vorderrande ein kegelförmiger und dahinter ein langer spindelförmiger dunkelbrauner Fleck, gelblich eingefasst, der hintere Theil des
Rückenfeldes mit gelben Querlinien. Beine rostroth, die
Spitzen der Glieder, und an den Schienbeinen und Fersen
ein Mittelring schwarzbraun, oft undeutlich. Häufig an
trockenen, vom Wasser entfernten Stellen auf Gesträuch,
den Sommer hindurch. Koch XI. Fig. 916—919. Ep.
dumetorum Hahn II. Fig. 117. S. die Anmerkung.*

*Anmerkung. Die beiden vorstehenden Spinnen sind sich
in jeder Beziehung sehr ähnlich, ändern in hellerer und dunklerer
Färbung ab, und sind daher bisweilen schwer mit Sicherheit zu
unterscheiden. Bei dem Weibchen von Ep. patagiata bildet das
Epigynum ein kurzes ziemlich breites Stielchen, und zu beiden
Seiten seiner Basis ist eine rundliche glänzende Erhöhung mit er-
habenem Rande, fast wie ein Krönchen gestaltet, und die seitwärts
liegenden Lungenschildchen sind nicht auffallend behaart. Dagegen bei Ep. arundinacea ist das Epigynum schmäler, die runde

Epeira umbratica. Weib 9 — 9½′′′, Mann 4 — 4½′′′
lang. Körper breit, Hinterleib oben auffallend plattgedrückt, 3—4 Paar stark vertiefte schwarze Rückenstigmen.
Vorderleib graubraun, jederseits ein breiter dunkelbrauner
Längsstreif, weisslichgrau behaart. Hinterleib gelblichbraun oder röthlichbraun; das blattförmige Mittelfeld dunkler, schwarzbräunlich gewolkt, undurchbrochen, am Rande
von einer schwarzen, gelb gesäumten undurchbrochenen
Linie scharf begrenzt; in der Mitte ein Längsstreif braunschwarz, heller eingefasst, oft undeutlich. Beine graugelb,
Schenkel am Ende fast zur Hälfte, die übrigen Glieder am
Ende und in der Mitte schwarzbraun geringelt. Nicht sel-
ten. Koch XI. Fig. 930. Hahn II. Fig. 112. Diese
Spinne hält sich am Tage gewöhnlich an dunkeln Orten
verborgen und treibt ihr Wesen bei Nacht. Im Mai und
Juni ist sie erwachsen. Ich habe sie an Holzklaftern und
Baumstämmen am Waldrande gefunden.

Epeira silvicultrix. Weib 3—3¼′′′, Mann 2¾′′′ lang.
Vorderleib schwarz, der Kopf röthlichgelb. Der Hinterleib
breit eiförmig, niedergedrückt; das scharfzackige Rückenfeld gross und breit, graubraun, weiss gerandet; in der
Mitte ein schwarzer oft undeutlicher Längsstreif, vorne an
jeder Seite von einem weissen Fleck eingefasst; die Seiten
brandbraun. Beine und Taster gelblich, die Schenkel am
Ende über die Hälfte braun, die übrigen Glieder dicht braun
geringelt. Selten. Koch XI. Fig. 932, 933.

Die Spinne ist der Ep. umbratica ähnlich, aber viel
kleiner. Sie ist im August ausgewachsen, lebt gern in

Erhöhung fehlt, und die Lungenschildchen sind an der inneren
Seite mit weissen Härchen dicht bedeckt, die sich gegen die Mittellinie (gegen das Epigynum) richten, und so in der Mitte einen
schmalen Längsstreif von der schwarzen Grundfarbe einschliessen.
— An den männlichen Tastern von Ep. patagiata befindet sich auf
der untern Seite des Kolbens ein starker breiter horniger brauner
Zapfen, der fast bis zur Basis in zwei Theile gespalten ist, einen
breiteren gewölbten und einen schmaleren, der letztere gegen den
ersteren fast wie der gegen die hohle Hand gerichtete Daumen gestellt. Bei Ep. arundinacea ist an derselben Stelle ein langes
schlankes einwärts gebogenes Stielchen, an der Spitze gegabelt,
der eine Gabelzahn etwas länger und breiter als der andere. Bei
beiden sind die Schienbeine des zweiten Beinpaares der Männchen
nicht verdickt.

Nadelholzwaldungen. Ich habe davon ein Weibchen und zwei Männchen.

Epeira lutea. Weib 4′′′, Mann 3′′′ lang. Vorderleib blass bräunlich gelb, ein Längsstrich auf dem Kopfe und die Seiteneinfassung rostbraun. Hinterleib gelb, netzartig, roth geadert; das Rückenfeld schmal, schwach zackenrandig, gelbroth, klein gelbfleckig, im hintern Theil mit gelben, dunkler begrenzten Querstreifen, der Saum rostbraun, von einer gelben Wellenlinie eingefasst. Die Seiten rostbraun, mit welligen Schiefstrichen. Beine gelb, rostbraun geringelt. Sehr selten. K o c h XI. Fig. 926, 927.

Herr M e n g e hat ein Weibchen im Grase am Bischofsberge bei Danzig gefunden, mir ist sie noch nicht vorgekommen. Auch nach K o c h ist sie selten.

2. Gattung Singa.

Singa conica. Weib 3 — 3½′′′, Mann 2 — 2½′′′ lang. Vorderleib braunschwarz. Hinterleib hinten nach oben kegelförmig verlängert, weiss oder gelblichweiss; ein zackiges Rückenfeld schwarz, in der Mitte stark verschmälert, vorne darin zwei schiefliegende Fleckchen rein weiss. Bauch schwarz, um die Spinnwarzen vier weisse Puncte. Beine weiss, schwarz geringelt. Häufig, besonders in Nadelholzwaldungen. K o c h XI. Fig. 943, 944 und 945. H a h n II. Fig. 130.

Singa hamata. Weib 3 — 3½′′′, Mann 2½′′′ lang. Vorderleib fein gerieselt, glänzend, kastanienbraun, am Kopfe ins Schwarze übergehend, am Rande ein schmales gelbliches Band. Der Hinterleib elliptisch, hinten weit über die Spinnwarzen vorragend, dunkelrothbraun, ein Rücken- und Seitenstreifen gelblich; die Mitte des Rückenfeldes von vier gelblichen Querstreifen durchbrochen, weiter nach hinten noch ein bis zwei kurze gelbe Querstrichchen. Beine ockergelb, die Spitzen der Glieder schwarz. Ziemlich häufig an Waldrändern auf Gebüsch. K o c h III. Fig. 197, 198.

Singa trifasciata. Weib 2′′′ lang. Vorderleib glänzend, schwarzbraun, der Kopf dunkler; die Seiten des Thorax breit rostgelb. Hinterleib dick, oval, oben glänzend, fein

punctirt, schwarz, auf dem Rücken drei schön gelbe Längsbänder. Beine rostroth, die Hüften und Wurzel der Schenkel gelb. Selten. Koch XI. Fig. 948.
Von diesem hübschen Spinnchen habe ich im Juli auf
einer Wiese bei Dammhof bei Königsberg im Grase 6 reife
Weibchen, Herr Menge bei Danzig im Jeschkenthal, auf
der Münde 3 junge Exemplare gefangen. Das Männchen
ist noch unbekannt.

3. Gattung Miranda.

Miranda cucurbitina. Weib 3—3½''', Mann 2—2½'''
lang. Vorderleib hell rostgelb, beim Männchen ein brauner
Streif am Rande. Der Hinterleib oval, etwas niedergedrückt, grün, die Seiteneinfassung schön gelb; auf dem
Rückenfelde in der Mitte vier im Trapez stehende vertiefte
Puncte, und jederseits eine Längsreihe von 4—5 Puncten
schwarz, an den Puncten oft bläuliche Längsfleckchen, über
den Spinnwarzen ein rostrother Fleck. Beine beim Männchen grün, die Endhälfte der Schenkel schön roth; beim
Weibchen die Schenkel grünlich, die folgenden Glieder
ockergelblich. Gemein auf Gesträuch, Ende Juni ausgewachsen. Koch V. Fig. 371. 372.

Miranda adianta. Weib 3½ — 4''', Mann 2 — 2½'''
lang. Vorderleib graubräunlich oder graugelblich, eine
Mittellinie und Randstreifen schwarz. Hinterleib länglich
oval. Das zackige Rückenfeld schmal, hinten spitz zulaufend, aus mit der Spitze nach vorn gerichteten, in einander
geschobenen Dreiecken gebildet, die vordern Dreiecke
deutlich, die hintern in einen Streifen zusammengeflossen,
das Innere derselben weiss oder gelblich, der Rand breit
sammetschwarz gesäumt; das ganze Feld von einem gelbbräunlichen Längsstreif durchschnitten, und von einer
weissen Randlinie eingefasst; die Seiten mit gelblichen und
bräunlichen Schiefstreifen. Bauch sammetschwarz, darauf
die gewöhnlichen zwei geraden Längsstreifen und dahinter
zwei Puncte weiss. Beine mit vielen und langen Stachelborsten besetzt, gelb, die Spitzen aller Glieder schwarzbraun. Ziemlich häufig auf niederm Gebüsch. Im Juli
und August reif. Walckenaer, Ins. apt. II. pag. 52.
Epeira segmentata Sundevall.

Die Spinne im reifen Zustande hat in der Regel die angegebene Grösse, bisweilen kommen aber Weibchen bis zu 7''' Länge vor.

4. Gattung Atea.

Atea agalena. Weib 2''', Mann 1½''' lang. Vorderleib rostgelb, der Kopf merklich heller als der Thorax und auf seinem hintern Theile zwei hellgelbliche Längsflecken zu den Seiten der Mittellinie, oft nach vorn und aussen bogenförmig fortgesetzt. Hinterleib oval, der Vorderrand in der Mitte etwas kielförmig vorstehend, im Ganzen heller oder dunkler ockergelb; der vordere Theil des Rückenfeldes bildet ein breites stumpfwinkliges Dreieck, meistens schön wachsartig ockergelb, die beiden Schenkel desselben bogig gekrümmt, weiss, und an ihrer Aussenseite ein grosser rostrother Fleck; hinter der Basis des Dreiecks ist das Rückenfeld schmaler, ockergelb, mit weisser zackiger Randlinie, an deren inneren Seite mit rostrothem Saum oder solchen Flecken; bei dunkeln Exemplaren, namentlich Männchen, das Rückenfeld fleckig schwarzbraun, mit einem helleren braunstaubigen spiessförmigen Längsstreif, in dessen Mitte wieder eine Reihe dunklerer Längsflecke. Beine rostgelb, die Spitzen der Glieder rostroth, bei dunkeln Exemplaren an den Schienbeinen noch ein Mittelring; bei dem Männchen die Schienbeine des ersten Beinpaares verdickt, mit starken Stacheln besetzt. Durch mehr oder weniger deutliche Zeichnung und dunklere oder hellere Färbung entstehen Varietäten. — Nicht selten in Nadelholzwaldungen. Im Juni habe ich reife Männchen und Weibchen gefunden. — K o c h XI. Fig. 936, 937, 938.

Atea spinosa (mihi). Weib 2½''' lang. Vorderleib rostgelb, ein Gabelstreif von der Rückengrube nach den Seitenaugen, und Seitenstreifen braun. Hinterleib elliptisch, am Vorderrande kielförmig vorgezogen, jederseits vom Kiel drei kleine Dornen; rostgelb, das Mittelfeld von zwei Reihen rostbrauner geschwungener Querflecken gebildet. Beine gelb, rostroth oder braun geringelt. Selten.

Von dieser Spinne fing ich zwei junge Weibchen am 26. Juli 1861, ein reifes Weibchen den 20. Juli 1864

bei Albrechtsdorf unweit Landsberg, und ein reifes Weibchen am 1. October 1863 bei Ludwigsort unweit Heiligen-
beil im Grase. Da sie noch nicht beschrieben zu sein
scheint, gebe ich eine genauere Beschreibung davon.
Der Vorderleib ist ziemlich lang, mit schmalem Kopfe,
glänzend, fein punctirt, rostgelb oder rostroth mit sparsamen weissen Haaren bestreut; von der schwarzen
Rückengrube ziehen zwei breite braune Streifen, eine
Gabel bildend, gegen die Seitenaugen, über dem Rande ein
breiter brauner Seitenstreif, der Seitenrand und die hintere
Abdachung blassgelb. Die Augen schwarz, die hintern
Mittelaugen viel grösser als die vordern. Der Hinterleib
elliptisch, oben etwas niedergedrückt, der Vorderrand in
der Mitte kielartig in eine stumpfe Ecke bis zur Mittelgrube über den Vorderleib vorgezogen, zu jeder Seite der
Ecke am Vorderrande drei aufrechtstehende kleine spitze
schwarze Dörnchen. Der Hinterleib ist grobnarbig punctirt
eingestochen, rostgelb. Das Rückenfeld ist nicht scharf
begrenzt; es wird gebildet von fünf bis sechs Paaren rostbrauner geschwungener Querflecken, die in der Mitte zusammenhängen, seitwärts in die rostbraun gefleckten Seiten
übergehen. Die Mitte des Feldes ist heller, die Kielecke
gelb. Der Bauch in der Mitte schwarzbraun, jederseits ein
breiter gelber Streif; bei dem reifen Weibchen in dem
Mittelfelde drei Paar gelber Puncte. Die Brust dunkel rostbraun oder schwarz. Taster gelb, Beine gelb, die Glieder
am Ende und in der Mitte mit einem schwarzbraunen, bei
den Jungen rostrothen Ringe.

5. Gattung Zilla.

Zilla reticulata. Weib 4·—5''', Mann 3—3½''' lang,
Vorderleib weiss oder gelblich, von der Rückengrube an
eine schmale und feine Gabel nicht bis zu den Augen, hinter den Seitenaugen ein Längsfleck schwarz oder grün. Der
Hinterleib oval, nach hinten stark verschmälert; weiss oder
gelblich, auch roth und grün gemischt; ein wellenrandiges
bräunlichschwarz gewolktes Mittelfeld, darin über dem
Vorderrande zwei grosse Halbmondflecken neben einander
und dahinter paarweise Querbogen weiss. Beine gelblich,

grünlich oder röthlich, die Spitzen aller Glieder und ein Mittelring an den Schienbeinen und Fersen rothbraun, oft verwischt. Sehr häufig auf Gesträuch. Im September und October reif. Koch VI. Fig. 532, 533.

Zilla acalypha. Weib 2—2½''', Mann 1½—2''' lang, Vorderleib gelblichgrün, Randstreifen und ein Mittelstreif von der Rückengrube bis gegen die Mittelaugen schwarz, der letztere gegen das Ende etwas breiter. Hinterleib hoch gewölbt, von den Seiten etwas zusammengedrückt; weiss, auf der hintern Hälfte ein schmales Rückenfeld schwarz, darin vorn ein Paar grössere, dahinter oft noch zwei Paare kleinere weisse Puncte; auf der vordern Hälfte ein schmaler, gewöhnlich zweimal unterbrochener Mittelstreif, und jederseits ein Bogenfleckchen schwarz; Seiten mit schwarzen und weissen oder gelben Schiefstreifen. Beine grün, schwarz gefleckt, die Spitzen der Glieder, und bei dem Weibchen an den Schenkeln zwei Längsstreifen schwarz. Auf Gebüsch nicht selten. Im Juni reif. Koch VI. Fig. 530, 531.

6. Gattung Zygia.

Zygia calophylla. Weib 3—4''', Mann 2½—3''' lang. Vorderleib bräunlichgelb, ein Mittelstreif, schmale Randstreifen, ein Längsstreifchen hinter den Seitenaugen, und bisweilen auch die Spitze des Kopfes schwarz oder braun. Hinterleib elliptisch, oben etwas abgeplattet; ein grosses Rückenfeld silberfarbig, wellig schwarz gerandet, darin vorn jederseits ein grosser Längsfleck schwarz oder schwarzbraun, im hintern Theil drei bis vier Paare schwarze bogige Querfleckchen. Die Seiten gelb mit Metallglanz, braunschattig oder roth verdunkelt. Brust schwarz mit kegelförmigem gelben Längsfleck. Beine ockergelb oder gelblichweiss, die Spitze der Glieder, sowie ein Ring an Schenkeln und Schienbeinen braun, oft undeutlich. Auf Sträuchern häufig. Im October reif.. — Koch in H. Schaeff. D. Ins. 123. 17. — Zilla calophylla Koch. Arachniden VI. Fig. 538. 539. Eucharia atrica Koch XII. Fig. 1030. 1031.

7. Gattung Meta.

Meta Merianae. Weib 5''', Mann 4''' lang. Vorderleib
gelblichweiss oder bräunlichgelb; die Seitenkanten, Strah-
lenflecken auf dem Thorax und ein Längsstreif auf der
Mitte dunkelbraun, der letztere vorn verbreitert und doppelt gegabelt, nämlich in der Mitte zwei gerade feine Linien
bis zwischen die Mittelaugen, seitwärts zwei breite gebogene
Arme nach den Seitenaugen, von denen ein Streif rückwärts gegen die Mittelgabel läuft, wodurch zwei Paare
heller Flecken auf dem Kopfe entstehen. Bei dem Männchen an der Basis des Kolbens ein langes an der Spitze ge-
schwungenes Stielchen. Hinterleib oval, staubig, sammetartig, bräunlichgelb, in den Seiten schwarzfleckig; das
Rückenfeld am Rande braun verdunkelt, gelblich fein-
fleckig, an den beiden Paaren Rückenstigmen vorn weisse
Fleckchen, über den Spinnwarzen ein Fleck rostbraun,
über dem Vorderrande ein Längsstrich, von einem Querbogen durchkreuzt schattenartig gelblich. Beine gelblich,
schwarz geringelt und.gefleckt, die Ringe auf den Schenkeln
oben offen. In Kellern und andern dunkeln Orten nicht
selten. Koch VIII. Fig. 688—690.

8. Gattung Tetragnatha.

Tetragnatha extensa. Weib bis 9''', Mann bis 7''' lang.
Lang gestreckt; Hinterleib fast walzig, vorn öfters buckelig
aufgetrieben; Beine sehr lang; Mandibeln des Weibes $^3/_4$,
des Mannes $^5/_6$ der Länge des Vorderleibes, divergirend
vorgestreckt, nach aussen geschweift, an der Innenseite
zwei Reihen Dornen, beim Weib in jeder Reihe 6, beim
Mann oben 6—7, unten 9 Dornen, und über der Spitze
ein starker nach innen vorgestreckter Sporn; Maxillen
lang, platt, nach aussen geschweift. Vorderleib hell bräunlich oder grünlichgelb. Hinterleib an den Seiten bläulich
perlfarbig matt silberglänzend, auch gelblich oder röthlich;
das Rückenfeld wellenrandig braun, oft verwischt, eine
Mittellinie mit Nebenästen schwarz. Bauch in der Mitte
schwarz, mit gelben Seitenlinien und breiter brauner Einfassung. Beine ungefleckt, oder nur an der Spitze der

Glieder schwarz, bisweilen mit schwarzen Puncten. Häufig.
Hahn II. Fig. 129.

Die Spinne variirt sehr in Färbung, und auch in Gestalt des Hinterleibes, der bald ganz walzenförmig, bald
stark buckelig aufgetrieben ist. Sie spannt ihr Netz gern in
der Nähe des Wassers, und sitzt daneben oder darin, indem sie die vier Vorderbeine gerade vorwärts, die zwei
Hinterbeine nach hinten, das dritte Paar seitwärts streckt.
Man findet in der Mitte des Sommers erwachsene, im
Spätherbst junge Spinnen.

II. Familie Theridides, Webespinnen.

Uebersicht der Gattungen.

A. Der Hinterleib ohne Höcker.
  a. Die Mandibeln cylindrisch, gegen die Spitze ver-
    dünnt, schwach, mit kleiner Fangkralle; die Maxil-
    len klein, linear, zugespitzt, auf die Unterlippe
    gegeneinander geneigt. Die Mittelaugen im Qua-
    drat, oder die vordern wenig näher beisammen als
    die hintern (Fig. 8—10). Die Beine folgen ihrer
    Länge nach in der Reihe 1, 4, 2, 3. Weibliche
    Tasterkrallen vielzähnig. Von mittlerer Grösse oder
    darunter.
    α. Die Mittelaugen genau im Quadrat, alle Augen
      klein, die vordern vier Augen in einer geraden
      Linie (Fig. 8). Hinterleib hochgewölbt, meistens
      kugelig.
    1. Gattung **Theridium.** Drittes Tasterglied der
      Männchen kurz. Meistens bunt und lebhaft ge-
      färbt.
    β. Die vordern Mittelaugen ein klein wenig näher als
      die hintern bei einander (Fig. 9—10). Hinterleib
      von oben niedergedrückt, oval.
    2. Gattung **Eucharia.** Kopf klein. Die Augen
      hoch über dem Rande, nahe bei einander; die
      vordern Mittelaugen auf einem Höcker vorstehend
      und ein wenig näher beisammen als die hintern;
      die vier hintern Augen in einer geraden Linie

(Fig. 9). Das vierte Tasterglied des Männchens fast so lang, oder doppelt so lang als das dritte und kegelförmig.

3. G a t t u n g **Asagena.** Augen wie bei Eucharia (Fig. 9). Kopf dick und gewölbt. Viertes Tasterglied des Männchens sehr kurz, kaum bemerkbar; Deckschuppe des Kolbens sehr gross.

4. G a t t u n g **Phrurolithus.** Wie die vorige, aber das vierte Tasterglied des Männchens so lang als das dritte, sehr dick kegel- oder becherförmig, den Kolben an der Basis umfassend. Kolben klein. Augen wie bei Eucharia (Fig. 9).

5. G a t t u n g **Dictyna.** Kopf hoch gewölbt, länglich, oben mit Längsreihen von weissen anliegenden Härchen besetzt. Die Augen sehr flach, nicht so hoch über dem Vorderrande als bei den vorigen, die vordern fast in gerader Linie (Fig. 10). Das vierte Tasterglied des Männchens kaum so lang wie das dritte, cylindrisch. Die Afterkralle kammförmig, sechszähnig.

b. Die Mandibeln oval, am Grunde und an der Spitze verdünnt; Maxillen gerade, schmal spatelförmig, an der Spitze abgerundet. Die vordern Mittelaugen viel näher zusammen als die hinteren (Fig. 11 — 14). Die Beine folgen ihrer Länge nach meistens in der Reihe 1, 2, 4, 3. Tasterkralle des Weibchens wenig gezahnt, oder fehlt ganz.

α. Tasterkralle des Weibchens vorhanden. Meistens von mittlerer Grösse und bunt gefärbt.

6. G a t t u n g **Linyphia.** Hinterleib sehr hoch, von den Seiten zusammengedrückt. Die Mandibeln treten erst gegen die Spitze auseinander, Fangkralle klein. Die vordern Mittelaugen und die Seitenaugen sehr nahe zusammen, berühren sich fast; die Seitenaugen von den hintern Mittelaugen so weit wie diese von einander: die hintere so wie die vordere Augenreihe bilden Bogenlinien (Fig. 11). Die weibliche Tasterkralle schwach, ungezahnt oder mit einem kleinen Zähnchen.

7. Gattung **Bolyphantes.** Gestalt und Mandibeln
wie bei Linyphia. Die vordern Mittelaugen auf
halbe Augenbreite einander genähert, stehen stark
vor; die Seitenaugen nahe bei einander, von den
hintern Mittelaugen kaum so weit entfernt wie
diese von einander; die vordern Augen fast in
gerader Linie 'Fig. 12). Die Tasterkralle des
Weibchens drei- bis achtzähnig.

8. Gattung **Pachygnatha.** Gestalt der Linyphia
ähnlich, aber der Hinterleib etwas niedergedrückt.
Die Mandibeln sehr dick, von der Basis an fast
unter einem rechten Winkel auseinander ge-
sperrt; Fangkralle sehr lang. Mittelaugen auf
einer polsterförmigen Anschwellung, die vordern
Mittelaugen auf Augenbreite einander genähert;
die Seitenaugen von den hintern Mittelaugen
weiter entfernt als diese von einander; die hintern Augen fast in gerader Linie (Fig. 13). Tasterkralle des Weibchens 4—5 zähnig.

β. Weibchen ohne Tasterkralle. Sehr kleine Spinnchen, meistens einfarbig, ganz schwarz oder dunkelbraun, oder mit rothem oder gelbem Vorderleibe. Meistens der Kopf des Männchens auf un-
gewöhnliche Art, bisweilen stielartig erhaben, und
dadurch der Augenstand mannigfaltig verschoben.
Gewöhnlicher Augenstand Fig. 14. Mandibeln
dick, gegen die Spitze divergirend.

9. Gattung **Erigone.** Das zweite Tasterglied der
Männchen sehr lang und auch das dritte lang.
Alle ganz schwarz.

10. Gattung **Micryphantes.** Das dritte Tasterglied
der Männchen kurz.

B. Auf der Höhe des Hinterleibes ein Paar kegelförmige
Höcker.

11. Gattung **Ero.** Augen nahe beisammen, die mittlern im Quadrat, die vordern Mittelaugen stark
vorstehend, die hintern Mittelaugen oval; die
Seitenaugen von den mittleren so weit wie diese
von einander, oval, schräg gegen einander gestellt (Fig. 15). Maxillen klein, cylindrisch, auf

die Lippe gegeneinander geneigt. Beine sehr
dünn und schlank, folgen ihrer Länge nach in der
Reihe 1, 2, 4, 3. Weibliche Tasterkralle schlank,
krumm, vierzähnig.

1. Gattung Theridium.

Theridium redimitum. Weib 2½′′′, Mann 1¾′′′ lang.
Hinterleib hoch gewölbt, von den Seiten sanft zusammen-
gedrückt. Die ganze Spinne gelblichweiss; die Kanten des
Thorax und eine Mittellinie darauf, sechs Paare runder
Punctflechen auf dem Hinterleibe, die Spitze der Taster
und Schienbeine schwarz; oft auf dem Hinterleibe an den
Punctreihen zwei Streifen, oder das ganze Mittelfeld schön
roth, selten grünlich. Die Brust gelb, die Ränder und eine
Mittellinie schwarz. Um den After vier weisse Puncte auf
schwarzem Grunde. Sehr häufig auf Strauch u. s. w. den
Sommer und Herbst hindurch. Koch XII. Fig. 1053—
1055, Hahn I. Fig. 65.
Diese schöne Spinne zeigt drei Hauptvarietäten, wo-
nach sie verschiedene Benennungen bei den Autoren erhalten hat. 1) Hinterleib gleichfarbig gelblich mit zwei Reihen
schwarzer Puncte, Araneus lineatus Clerck. 2) Auf dem
Rücken des Hinterleibes ein gelber Längsfleck mit rothen
Rändern eingefasst: Araneus redimitus Clerck, Aranea co-
ronata De Geer, Theridium redimitum Walcken. 3) Der
ganze Rücken roth: Araneus ovatus Clerck.

Theridium pictum. Weib 2¼′′′, Mann 1⅔′′′ lang. Vorderleib rostgelb, ein breiter Mittelstreif bis über die Augen
und eine breite Seiteneinfassung braun oder schwarz. Hinterleib gewölbt, braunschwarz, in den Seiten gelb, auf dem
Rücken ein rostrother, weissgesäumter, vorn und hinten
schmal zulaufender Zackenstreif, die Zacken spitz, oft bis in
die gelben Seiten verlaufend. Brust gelb, mit breiter brauner Einfassung. Beine gelb, Hüften ockergelb, an der
Spitze der Schenkel ein Ring, drei an den Schienbeinen
und Fersen braun oder schwarz. Häufig, im Juli und
August, auf Büschen u. s. w. Koch XII. Fig. 1062, 1063.
Hahn I. Fig. 68.

Theridium varians. Weib 2⅔''', Mann 1½''' lang. Vorderleib gelblich weiss, schmale Seitenkanten und ein breiter Mittelstreif, bisweilen nur auf dem Kopfe, schwarz. Hinterleib gewölbt, weiss oder gelblich, auf dem Rücken ein Zackenstreif gelb oder bräunlichroth, oft nur angedeutet, auf dem vordern Theil meistens von einem grossen breiten tief schwarzen Fleck mehr oder weniger verdeckt. Bisweilen ist der ganze Hinterleib oben unrein gelblichweiss, schwarzrieselig, mit einer Andeutung des Zackenstreifs, oder auch ganz schwarz. Brust und Beine gezeichnet wie bei Th. pictum, doch oft auf der Brust noch ein schwarzer Mittelstreif, und die Zeichnung der Beine oft verwischt. Die Spinne ist mit Th. pictum verwandt, variirt aber ungemein. Im Sommer nicht selten auf Gebüsch u. s. w. Koch XII. Fig. 1056—1058. Hahn I. Fig. 71, 72.

Theridium nervosum. Weib 2''', Mann 1½''' lang. Vorderleib rostgelblich, ein Mittelstreif und Randstreifen schwarz. Hinterleib fast kugelig, graugelblich, durchweg bräunlich netzartig geadert; das Rückenfeld schwarzbraun, in demselben ein weisser Längsstreif, der sich vor der Mitte zweimal zu rundlichen, in ihrem Innern bräunlichen oder röthlichen Feldern erweitert, auf der hintern Hälfte als einfache Linie verläuft; von den erweiterten Feldern gehen drei Paare weisse Linien oder Doppellinien seitwärts, und von der hintern Mittellinie noch einige weisse Seitenäste aus. Brust gelb, mit schwarzem Rande. Beine gelb, die Spitzen aller Glieder rostbraun. Im Juni erwachsen. Sehr häufig auf niederm Gebüsch. Hahn II. Fig. 133. Theridium Sisyphus Koch VIII. Fig. 644.

Theridium lunatum. Weib 2—2½'''. Mann 1½—1¾''' lang. Der Vorderleib rothbraun. Hinterleib hoch birnenförmig, hinten senkrecht abgedacht, gegen die Spinnwarzen nach unten sich kegelförmig zuspitzend: seine Grundfarbe graugelb oder roströthlich; auf der vordern Abdachung ein breites, schwarzmarmorirtes Längsband, jederseits davon ein hellgelber Mondfleck; auf der hintern Abdachung laufen vom Gipfelpunct zwei weisse Bogenlinien seitwärts nach hinten hinab, dazwischen noch zwei Paare kleinere; in dem Winkel dieser Bogen oben ein schwarzer Fleck, durch weisse Querlinien oder Flecken gewöhnlich in zwei

oder drei Flecken getheilt; über den Spinnwarzen ein
grosser rostgelber Fleck. Brust schwarz. Beine gelb,
die Spitzen der Glieder, oft auch noch Ringe daran rostroth oder braun. Sie variirt in hellerer und dunklerer
Färbung. Im Juni ist sie reif. Sie macht ihr Gewebe gern
an bedeckten Orten, in hohlen Bäumen u. s. w. Nicht
selten. Koch VIII. Fig. 645, XII. Fig. 1060, 1061.
Theridium sisyphum Hahn II. Fig. 132.

Theridium saxatile. Weib $1\frac{1}{2}$—$1\frac{3}{4}'''$, Mann $1\frac{1}{4}'''$ lang.
In Gestalt und Färbung mit Th. lunatum verwandt, aber
kleiner. Vorderleib hornbraun, mit undeutlichen dunklern
Strahlenstrichen und dunkelbraunen Seitenkanten. Hinterleib hoch bimförmig, hinten fast senkrecht abgedacht,
gegen die Spinnwarzen nach unten kegelförmig zugespitzt;
rostroth, schwarz melirt, bis fast schwarz; vor der Mitte
jederseits ein weisser Bogenstreif herablaufend, davor auf
dem Rücken weisse Fleckchen, meistens drei Paare, die
hintere Abdachung heller und darauf ein schwarzer und
darunter weissliche Bogenstreifen, oft undeutlich. Brust
dunkelbraun. Beine weisslich, die Spitzen der Glieder, die
Hüften und Knieglieder, oft noch ein Mittelring an den
Schienbeinen rostroth oder braun. Im Juni reif. Nicht
selten, an Steinen oder auf niederm Gesträuch. Koch IV.
Fig. 324, 325.

Theridium dorsiger. Weib $1\frac{1}{4}'''$, Mann $1'''$ lang. Hinterleib kugelig. Der ganze Leib röthlich braun oder choko-
ladenfarbig, bis kirschroth, auf dem Hinterleibe ein Längsstreif, vorne breit und abgerundet, hinten spitz zulaufend,
ungezackt, schön schwefelgelb oder weiss. Beine gleichfarbig, hellbräunlich, gelb oder weiss. Nicht selten. Sie
lebt in hohem Grase u. s. w., gerne in der Nähe von Wasser. Hahn I. Fig. 61.

Theridium vittatum. Weib $1\frac{1}{2}'''$, Mann $1\frac{1}{8}'''$. Vorderleib gelb, schmale Kantenlinien und ein breiter durchlau-
fender Mittelstreif schwarzbraun. Hinterleib oval, stark
gewölbt; in den Seiten gelb mit rostrother Mischung; oben
ein breites durchlaufendes Längsband rostroth, braun, bis
schwarz, stumpfwellenrandig, weiss gesäumt. Brust gelb,
schwarz oder braun gesäumt. Beine gelb, die Spitze der
Glieder rostroth bis schwarz. Selten. Auf niederm Ge-

büsch, Gras u.s. w. Im Juni reif. Koch III. Fig. 217
und IV. Fig. 320.

Theridium simile. Weib 1¼′′′. Mann 1′′′ lang. Vorderleib rostroth. Hinterleib fast kugelig, rostgelb, der Rücken
schattig rostbraun; darauf ein weissliches Längsband, vor
der Mitte in ein breites Dreieck erweitert, vor demselben
ungezackt, hinter demselben schmal und am Rande gezackt; durch das ganze Längsband läuft ein schmaler, an
der Basis des Dreiecks unterbrochener rostrother Längsstreif, oft nur zwei feine rostrothe Linien. Beine gelb,
Spitzen der Glieder rostbraun. Ziemlich selten. Koch III.
Fig. 215.

Theridium guttatum. Weib 1¼′′′, Mann 1′′′ lang.
Kopf vorn hoch und schmal, Hinterleib dick eiförmig.
Vorderleib schwarzbraun, gekörnt. Hinterleib schwarz, mit
röthlichem Schimmer; in der Mitte des Rückens hinter
einander vier weisse oder gelbe Tropfenpuncte, vom Dritten jederseits noch ein solcher, oft auch noch vor und hinter diesem einer. Beine rostroth oder rostgelb, die Schenkel der beiden Vorderpaare und alle Schienbeine an der
Spitze schwarzbraun. Im Mai und Juni sind sie reif. Selten. Koch VIII. Fig. 651. 652.

Theridium triste. Weib 1½′′′, Mann 1′′′ lang. Ganz
schwarz, nur an dem hintersten Beinpaar die Hüften, die
Schenkel bis über die Hälfte und die Wurzel der Schienbeine rostroth oder röthlich weiss. Kopf hoch, die Stirne
stark vorstehend. Hinterleib sehr dick, fast kugelrund.
oben etwas flach. Vorderleib glänzend, Hinterleib mit
etwas Metallschimmer. Im Mai und Juni reif. Selten.
Koch VIII. Fig. 653, 654. Hahn I. Fig. 67.

Theridium flavomaculatum. Weib 1¼′′′ lang. Vorderleib rostgelb, Kantenlinien schwarz. Hinterleib oval, olivenbraun, auf dem Rücken hintereinander 6 bis 7 Paare
kleiner gelber Flecken, in den Seiten 3 grosse gelbe Querflecken. Hüften, Schenkel, Kniee röthlichgelb, die folgenden Glieder braunroth. Selten. Micryphantes flavomacula-
tus Koch III. Fig. 220.

Der Vorderleib glänzend; die Mittelaugen fast im
Quadrat, die vordern etwas weiter von einander und grösser als die hintern, stehen auf einem Vorsprung; die Sei-

tenaugen sehr nahe an den Mittelaugen, kleiner als die vordern Mittelaugen; die vier Vorderaugen in gerader Linie. Vorderleib breit eiförmig, niedergedrückt, Vorderrand stark vorstehend. Von den Fleckenpaaren auf dem Rücken das vorderste am grössten, das zweite bisweilen zusammengeflossen, in dem dritten die Rückenstigmen als braune Puncte, die Flecken des vierten Paares halbmondförmig gegeneinander gerichtet. — Von dieser hübschen Spinne habe ich im Frühjahre drei Weibchen gefunden in Moos aus Tolks bei Bartenstein, aus Sperlings bei Königsberg und aus Labiau. Das Männchen kenne ich noch nicht, ebenso wie Koch. — Koch rechnet sie zu Micryphantes, äussert aber schon selbst Bedenken darüber. Dazu kann sie nicht gehören, weil sie Tasterklauen hat; nach Form der Klauen und der Augenstellung kommt sie Theridium lunatum und nervosum am nächsten.

2. Gattung Eucharia.

Eucharia bipunctata. Weib 3′′′, Mann 2½′′′ lang. Kastanienbraun. Der Vorderleib dunkler und gerieselt. Der Hinterleib dick, von oben niedergedrückt, von fettigem Anschen, das Mittelfeld heller bräunlichweiss, von einem schmalen noch helleren, von braunschattigen Linien eingefassten Längsstreif in der Mitte durchzogen, und mit zwei bis drei Paaren eingedrückten Puncten; um den Vorderrand ein Bogenstreif, so wie die Unterseite bräunlich gelb oder weiss, auf dem Bauche ein becherförmiger schwarzbrauner Längsfleck bis um die Spinnwarzen ziehend, am vordern Ende tief ausgeschnitten. Beine rostroth, mit dunkeln Ringen an den Spitzen der Glieder und einem undeutlichen Ringe an den Schenkeln. Die Spinne variirt mit hellerer und dunklerer Färbung. Das vierte Tasterglied des Männchens fast so lang als das dritte, breit kegelförmig. Sie begattet sich im Mai und legt Ende Mai Eier. Sehr häufig, in Häusern, zumal an heimlichen Orten. Koch XII. Fig. 1027. Theridium quadripunctatum. Hahn I. Fig. 58.

Eucharia castanea. Weib 3′′′, Mann 2¼′′′ lang. Vorderleib rostgelb, mit dunkeln Strahlenstreifen, glänzend.

Hinterleib dick, ziemlich hoch gewölbt, etwas glänzend; das Mittelfeld bräunlichgelb, braun bestaubt: die wellige, um den Vorderrand ziehende Seiteneinfassung desselben, eine durchziehende Mittellinie, diese hinten durchkreuzende Querstriche, und der Bauch bis über die Spinnwarzen und die Anheftestelle gelblich; an der Randeinfassung und an der Mittellinie braune Fleckchen. Ueber der gelben Einfassung des Mittelfeldes ein schwarzer oder schwarzbrauner Längsstreif. Auf dem Bauche zwei Längsfleckchen und um die Spinnwarzen Mondfleckchen braunschwarz. Brust ockergelb, braun gerandet. Beine blassrothgelb, braun geringelt. Das vierte Tasterglied des Mannes zweimal so lang als das dritte, schmal kegelförmig. Häufig in Häusern. Sie legt im August Eier. Koch XII. Fig. 1028, 1029.

Eucharia zonata (mihi). Mann 2½''' lang. Vorderleib ockerroth, Hinterleib mit schwarzen und weissen Querstreifen. Beine sehr lang, schlank, ockergelb. Sehr selten.

Von dieser schönen Spinne habe ich nur ein reifes Männchen an einer Hausmauer in einem Garten in Königsberg gefangen. Vorderleib breit eiförmig, ockerroth, narbig. Hinterleib lang eiförmig. Eine gelbliche, schwarzgrau gesprenkelte und gestrichelte Binde läuft um den Vorderrand des Hinterleibes und dann in den Seiten nach hinten. Innerhalb derselben auf dem Rücken liegen abwechselnd weisse und schwarze Querbinden; die erste weisse Querbinde ist ungetheilt, halbmondförmig; die zweite ist an zwei Stellen verengt, die dritte und vierte in drei ovale Flecken aufgelöst und sie werden nach hinten stufenweise kleiner. Die schwarzen Querbinden sind fein gelb punctirt. Die Rückenstigmen stehen in den schwarzen Querbinden, sind gelbbraun, und besonders die ersten vier sehr gross. Die Lungenschildchen gelb, der übrige Bauch graugelblich. Die Brust grobnarbig, ockergelb. Die Beine dünn und lang, durchscheinend; die Schenkel blass grünlich, die folgenden Glieder allmählich ins Ockergelbliche übergehend; die Schenkel an der Basis und Spitze mit ockerrothem Anfluge, die Kniee und Hüften ockergelb. Die Taster kurz, nicht bis zur Hälfte der Schenkel reichend, ockergelb, das dritte und vierte Glied kurz.

3. Gattung Asagena.

Asagena serratipes. Weib 2½′′′, Mann 2′′′ lang. Vorderleib braunroth, grob gerieselt, glänzend. Hinterleib länglich oval, schwarz mit bräunlichem oder grünlichem Schiller; ein in der Mitte unterbrochener Bogenstreif um den Vorderrand, zwei gegeneinander liegende Querstreifen in der Mitte des Hinterleibes, vor diesen ein Punct und hinter ihnen eine Längslinie, bisweilen noch hinter dem vordern Puncte ein Paar Puncte weiss oder gelb. Beine robust, gelbroth; Schenkel, Fersen und Tarsen an der Spitze, Schienbeine über die Hälfte schwarz ; Schenkel und Schienbeine des Männchens unten mit scharfen Sägezähnen besetzt, vor der Schenkelspitze des zweiten Paares zwei längere Zähnchen, deren hinteres dornförmig verlängert. Brust und Bauch schwarz. — Zwischen niedern Pflanzen und unter Steinen, nicht häufig. Ich habe im Juli reife Exemplare gefangen. Koch VI. Fig. 502, 503. Theridium 4-signatum Hahn I. Fig. 59.

4. Gattung Phrurolithus.

Phrurolithus corollatus. Weib 2½ bis 2¾′′′, Mann 2¼′′′ lang. Vorderleib schwarzbraun. Hinterleib breit eiförmig, oben etwas niedergedrückt: das Rückenfeld breit, schwarz, mit fünf scharfen Zacken am Rande, deren letzte oft undeutlich, löst sich hinten in Flecken und Puncte auf; in der Mitte eine Längsreihe von vier bis fünf Paaren gegen einander geneigter weisser oder gelber Flecken. Die Seiten und ein Bogenstreif um den Vorderrand weiss oder gelb. Unter dem letzteren noch ein schwarzer Bogenstreif um den Vorderrand, setzt sich durch die gelben Seiten fort bis über die Hälfte der Länge, hinten in Flecken aufgelöst. Bauch schwarz, darauf eine grosse ankerförmige Figur weiss oder gelb, oft undeutlich. Beine rostgelb, die Schenkel bis über die Hälfte, die andern Glieder an der Spitze schwarz. Abänderungen, je nachdem die schwarze Zeichnung mehr oder weniger überwiegt. — Sie lebt gern in sandigen Gegenden unter Steinen u. s. w. Im Juli schlü-

pfen die Jungen aus. Selten. K o c h VI. Fig. 504, 505.
Theridium albomaculatum H a h n I. Fig. 58.

5. Gattung Dictyna.

Dictyna benigna. Weib 1½‴, Mann 1¼‴ lang. Vorderleib dunkelbraun, auf dem hochgewölbten Kopfe fünf
Längslinien von weissen Härchen. Hinterleib dick eiförmig: röthlichweiss oder grauweiss, braun bestäubt. in den
Seiten braunflockig, auf der vordern Hälfte des Rückens
ein grosser dunkelbrauner schattenartiger Längsfleck. dahinter kleiner werdende dunkelbraune Querflecken. Beine
gelbbraun oder röthlichbraun. Die nämlichen Taster haben
am Grunde des vierten Gliedes einen starken, spitzen, vorwärtsstehenden Dorn. Die männlichen Mandibeln lang, an
der innern Seite bogenförmig ausgeschnitten. — Sehr häufig
auf Sträuchern. Im Mai sind die Männchen reif. Im Juli
findet man in dem glockenförmigen Neste ein bis drei
weisse, kugelförmige Cocons, in jedem meistens sieben
Eier. K o c h III. Fig. 184, 185.
Dictyna latens. Weib 1½‴, Mann 1¼‴ lang. Die
Haut der ganzen Spinne schwarz, die Zeichnung durch
zarte grauweisse Schuppenhärchen gebildet. Vorderleib
schwarz, der hochgewölbte Kopf oben grauweiss beschuppt
mit vier bis fünf feinen schwarzen Längslinien. Hinterleib
grauweiss beschuppt, in den Seiten mit Schwarz gemischt.
auf dem Rücken ein durchlaufendes blattförmiges schwarzes
Mittelfeld, vorn und hinten spitz zulaufend, an den Rändern mit je fünf stumpfen Zacken. Beine braun, die Glieder gegen die Spitze ins Schwarze übergehend, das Knieglied an der Spitze mit einem feinen weissen Schuppen-
kränzchen. — Die Mandibeln des Männchens wie bei D.
benigna, der bogenförmige Ausschnitt an der Innenseite
noch stärker. An dem vierten Gliede der männlichen Taster fehlt der Dorn. Ich fand diese Spinne in der Plantage
bei Pillau Ende Juli sehr häufig, sonst selten. Das Weibchen bewachte im glockenförmigen Neste zwei bis drei
linsenförmige blaugrüne Cocons. K o c h III. Fig. 186.
Dictyna variabilis. Weib 1½‴, Mann 1¼‴ lang. Vorderleib rostroth, der Saum des Thorax gelb, Kopf hochge-

wölbt, heller, weiss beschuppt, darauf fünf feine schwärzliche Längslinien, die seitlichen bogenförmig nach den Augen. Hinterleib gelb, grau bestaubt: auf dem Rücken vorn bis ein Drittel der Länge drei rostbraune oder olivenbraune breite Längsstreifen, nach hinten divergirend, am Hinterrande in einen Querstreifen zusammenfliessend; dahinter ebensolche breite Querstreifen, durch feine graue oder gelbe Querstreifchen geschieden; ebenso gefärbte Schiefstreifen ziehen in den Seiten hinunter. Beine und Taster gelb, ungefleckt. — Die männlichen Mandibeln gerade, ohne Ausschnitt an der Innenseite; männliche Taster ohne Dorn am vierten Gliede. — Selten. Zwei ausgewachsene Weibchen, fand ich am 2. Juni im Park bei Fuchshöfen, zwei reife Männchen am 26. Mai in Kellermühle bei Königsberg. Walckenaer hält sie sehr irrthümlich für eine Varietät von D. latens. Koch III. Fig. 187.

6. Gattung Linyphia.

Linyphia resupina. Weib 3¾‴. Mann 3½‴ lang. Vorderleib braun, Strahlenfalten auf dem Thorax schwarzbraun. Hinterleib oval; die Seiten weisslich oder gelblich, netzartig bräunlich geadert, im hintern Theil bräunlich gefleckt; ein breites durchlaufendes Rückenfeld vorn zugespitzt, an den Seiten gekerbt, im Innern röthlichbraun, mit Grau und Weiss gemischt, am Rande schwarzfleckig, vor dem Hinterende von einer weisslichen Linie durchbrochen, im vordern Theile ein oft undeutlicher schwarzer Längsstreif; von der vordern Spitze des Rückenfeldes läuft in den Seiten bis kaum zur Hälfte ein geschwungener schwarzer Längsstreif. Beine und Taster gelb, schwarz geringelt. Sehr häufig. Im Juni legen die Weibchen Eier. Koch XII. Fig. 1035, 1036.

Linyphia montana. Weib 3—3½‴, Mann 2½—3‴ lang. Vorderleib rostgelb, ein vorn gegabelter Rückenstreif und ein Seitenstreif schwarz. Hinterleib hoch gewölbt, von den Seiten zusammengedrückt, weiss, in den Seiten gelb angeflogen; auf dem Rücken eine blattförmige gezackte Zeichnung, gleichsam fünf in einander geschobene Dreiecke, die hintern kürzer und breiter als die vordern, hinter

dem letzten von einer weissen Querlinie durchschnitten,
graubraun mit weissen Fleckchen; in den Seiten vorn ein
Längsfleck, dahinter Schiefstreifen und ebenso Brust und
Bauch schwarz. Die Hüften der Beine ockergelb, die Schen-
kel blass grünlich, die folgenden Glieder blass ockergelb. —
Sehr häufig auf Wachholder und niederm Tannengebüsch.
Im August oder September reif. Koch XII. Fig. 1038,
1039.

Linyphia triangularis. Weib 2½—3''', Mann 2—2½'''
lang. Der vorigen ähnlich. Vorderleib gelblich, ohne die
Streifen. Hinterleib noch höher gewölbt, weiss; auf dem
Rücken auf der vordern Hälfte ein Längsstreif, an beiden
Enden zugespitzt, an den Seiten mit drei Zacken, braun;
hinter diesem vier schwarze Querflecken, an Grösse ab-
nehmend, fast kleine Rechtecke vorstellend, von einer
schwarzen Längslinie in der Mitte durchschnitten; in den
Seiten schwarze Schiefflecken. Brust schwarz, Bauch
schwarz und weiss gemischt. Schenkel grünlich, die übrigen Glieder bräunlich gelb. Ziemlich häufig. Lebensweise
wie die vorige. Walckenaer Ins. aptères Band 2. pag.
240. Koch hält sie sehr mit Unrecht für identisch mit
Linyphia montana.

Linyphia multiguttata. Weib 2''', Mann 1¼''' lang.
Nahe verwandt mit L. resupina. Vorderleib hornbraun,
am Kopf und an den Seitenrändern vertrieben dunkler.
Der Hinterleib oval, das Rückenfeld breit, am Rande gezackt, vorn mit einem schmalen Fortsatz, hinten durch
eine gelbe Querlinie stumpf abgeschnitten, im Innern auf
bräunlich gelbem Grunde eine Zeichnung aus zwei Reihen
weisser, braun punctirter gegen einander gerichteter Bogenstriche und am Rande schwarze Puncte. Die Seiten gelblich, fein netzartig braun geadert. Der Bauch breit schwarz,
mit zehn weissen Punctflecken, nämlich vier in der Mitte
im Trapez, und jederseits drei in einer Reihe, die beiden
hintern näher beisammen. Taster und Beine bräunlich
gelb, undeutlich geringelt. Ziemlich selten. Auf Gras und
niedern Kräutern. Ich habe junge und erwachsene Exemplare im März und April im Moos in ihrem Winterlager
gefunden. Koch XII. Fig. 1037.

Linyphia pratensis. Weib 2''', Mann 1³⁄₄''' lang. Vorderleib, Brust und Mandibeln dunkel rothbraun, glänzend. Hinterleib breit eiförmig, hoch gewölbt; die ganze Unterseite glänzend schwarz bis über die Anheftestelle und über die Spinnwarzen; die Oberseite weiss, von drei schwarzen zackigen Längsstreifen durchzogen, die vorn und hinten zusammenhängen und noch durch Nebenzweige in Verbindung stehen, wodurch weisse Felder entstehen. Je nachdem bald die weisse, bald die schwarze Farbe vorherrscht, entstehen Varietäten. Taster und Beine gelbbräunlich. Auf Wiesen, nicht häufig. Im Juli und August habe ich reife Männchen und Weibchen gefunden. Koch XII. Fig. 1043.

Linyphia fratetorum. Weib 2½—3''', Mann 2''' lang. Vorderleib rothbraun, glänzend. Hinterleib fast walzig, wenig gewölbt, hinten steil abfallend; auf dem Rücken ein an den Rändern gekerbtes, am hintern Abhang zweimal durchbrochenes Längsfeld, sowie die ganze Unterseite schwarz; in den Seiten ein Längsstreif weiss, unter demselben im vordern Theile ein gelber Längsstreif, im hintern Theile weisse Querstreifen; zuweilen auf dem Rücken noch paarweise Grübchen weiss. Taster und Beine gleichfarbig rostgelb. Je nach dem das Schwarz auf dem Hinterleibe mehr oder weniger vorherrscht, entstehen Varietäten; bisweilen ist der Hinterleib ganz schwarz, bisweilen bleiben nur vorn zwei weisse Fleckchen neben einander. Im Mai und Juni reif. Herr Menge fand sie bei Danzig auf Gesträuch und im Moder häufig; ich habe sie spärlich gefunden. Koch XII. Fig. 1044—1046.

Linyphia circumflexa. Weib 2''', Mann 1³⁄₄''' lang. Vorderleib gelblich rothbraun, ein Mittelstreif und die Kanten verwaschen dunkelbraun. Hinterleib lang eiförmig, ziemlich hoch gewölbt, hinten zugespitzt; Grundfarbe graugelb, oben in der vordern Hälfte ein Längsstreif, der vorn von einer kurzen, dahinter von einer längeren Querlinie gekreuzt, welche zwei seitliche kürzere Längsflecken verbinden, auf der hintern Hälfte zwei Reihen gegen einander liegende geschwungene Querbänder, und in den Seiten einige schieflaufende Bogenstreifen schwarz oder braun. Die schwarzen Zeichnungen fein gelbgrau getüpfelt. Bauch

gelbgrau mit einer hellen Mittellinie. Beine röthlichgelb,
ungefleckt. Selten. Koch XII. Fig. 1050.

Linyphia terricola. Weib $1\frac{1}{4}'''$, Mann $1'''$ lang. Sehr
variabel. Vorderleib etwas glänzend, dunkel gelbbraun mit
dunkleren Strahlenstrichen. Die vordern Mittelaugen etwas
weiter auseinander als sonst bei Linyphia, die Vorderaugen
auf dem stark vorstehenden Stirnrande. Hinterleib oval,
hoch gewölbt, hinten zugespitzt, bei trächtigen Weibchen
fast kugelig. Die weiblichen Genitalien stark hervorragend,
bestehend aus einem zungenförmig vorstehenden Wulst,
der von aussen gewölbt, von innen ausgehöhlt ist, und aus
dieser Höhlung steht unten von der Wurzel an ein gekrümmter Zapfen hervor. Die Grundfarbe des Hinterleibes gelbbräunlich, eine Mittellinie, vorn breiter, hinten fein und
von dieser aus seitwärts geschwungene, spitz auslaufende
Schiefstreifen schwarz; oft herrscht die schwarze Farbe
vor, bisweilen so, dass der ganze Hinterleib schwarz ist
mit blauem Schimmer. Beine röthlich ockergelb, Schenkel
mehr ins Rothe ziehend. Taster röthlich ockergelb, Endglied dunkler. Im Gras und Moos. Ziemlich selten. Im
Juli reif. Koch XII. Fig. 1047, 1048.

Linyphia tigrina. Weib $2\frac{1}{4}'''$, Mann $1\frac{3}{4}'''$ lang. Vorderleib graugelblich; die Seitenränder, darüber drei Querfleckchen an den Seiten und ein Mittelstreif schwarz, der
letztere in der Rückengrube verbreitert, und vorn breit
becherförmig gegabelt. Hinterleib breit oval, wenig gewölbt, hinten zugespitzt, röthlichgrau und gelb staubig,
von schwarzen engen Maschenlinien netzartig durchzogen;
um den Vorderrand ein schwarzer Bogenstreif, in den Seiten nach hinten bis über die Hälfte laufend, darin vorn
zwei weisse Puncte nebeneinander; dahinter auf dem
Rücken sieben bis acht geschwungene Winkelstreifen braunschwarz. An den weiblichen Genitalien ein langes knieartig
gebogenes Stielchen. Beine blassgelblich, an den Schenkeln,
Schienbeinen und Fersen die Spitze und ein Mittelring
schwarz. An Zäunen, Baumstämmen u. s. w. nicht selten.
Im September reif. Wider Mus. Senck. — Meta tigrina
Koch XII. Fig. 1051, 1052.

Linyphia crypticolens. Weib $2\frac{1}{2}'''$, Mann $2'''$ lang.
Vorderleib fast kreisrund, flach, Hinterleib kugelig gewölbt.

Vorderleib ockergelblich, die Seitenkanten und ein Mittelstreif schwarz, der letztere dreimal erweitert, hinter und
vor der Rückengrube, und an den Augen, wo er sich bisweilen in mehrere Strahlen theilt. Hinterleib ockergelb;
drei Paar breite, mit einander seitwärts verästelte Längsstreifen schwarz, deren eins oben auf dem Rücken nahe bei
einander, eins in den Seiten, das dritte unvollständigere
fast unten liegt, wodurch die gelbliche Grundfarbe in fünf
Fleckenreihen getheilt wird, eine grossmaschige Netzzeich-
nung bildend. Bauch gelb, vor den Spinnwarzen ein Querfleck, vor diesem zwei divergirende Längsstreifen, am vordern Ende auswärts gebogen schwarz. Brust gelb, am
Rande braunfleckig. Beine ockergelb, an beiden Enden und
in der Mitte der Schenkel und Schienbeine schwarze Ringe,
an den Fersen zwei Ringe schwarz. Taster hell ockergelb.
Endglied rostroth. Im September reif. In Kellern und andern dunkeln Orten nicht selten. Walcken. Ins. aptèr.
2. p. 275. Meta cellulana Koch VIII. Fig. 691, 692.

Linyphia leprosa (mihi). Weib 1³/₄''', Mann 1¹/₂''' lang.
Vorderleib rothbraun oder heller, gelbbräunlich, auf dem
Thorax undeutliche Strahlenstriche und der Rand dunkler.
Hinterleib oval, hoch gewölbt, hinten zugespitzt, von den
Seiten zusammengedrückt. Die Grundfarbe des ganzen
Hinterleibes graubraun oder schwarz mit gelbgrauen Streifen, die durch weisse Fleckchen, wie aufgespritzter Kalk,
erhöht sind: nämlich zwei solche Längsstreifen, vorne und
hinten zusammenlaufend, schliessen ein schmales hinten
zugespitztes Mittelfeld ein; in dem letztern gewöhnlich
noch in der Mitte ein heller Längsstreif, dann aber in dem
vordern Theile zwei Reihen gegeneinander liegender
Schiefleckchen, die im hintern Theile zu kleinen Querbogen zusammenfliessen; ferner zieht in den Seiten unten
ein bogiger solcher Längsstreif von vorn bis über die Mitte
nach hinten, und nach kurzer Unterbrechung als Fortsetz-
ung desselben eine Linie aufwärts über den Spinnwarzen
durch. Die Decke der weiblichen Genitalien bildet eine
breite polsterförmige Platte, in der Mitte des Hinterrandes
mit einem vorgezogenen Zipfel. Beine rothbraun oder gelbbraun, die Schenkel und Schienbeine an der Spitze und in
der Mitte mit einem dunkleren Ringe. — Diese Spinne

scheint noch nicht beschrieben zu sein; ich habe ihr den obigen Namen nach den weissen Fleckchen in den Zeichnungen des Hinterleibes gegeben. Ich sammelte davon in Neukuhren und Umgegend im August einige vierzig Exemplare, reife Weibchen und Männchen, aber auch unreife, an Häusern und Baumstämmen; anderwärts habe ich sie nicht angetroffen.

7. Gattung Bolyphantes.

Bolyphantes trilineatus. Weib 3''', Mann 2½''' lang.
Vorderleib ockergelb, in der Mitte ein breiter Längsstreif und die Seitenkanten schwarz; Kopf gewölbt, bei beiden Geschlechtern kaum höher als der Thorax; die vier Mittelaugen fast im Quadrat. Tasterkolben des Männchens gross und lang. Weibliche Tasterkralle dreizähnig. Beine ockergelb, schwärzlich grau geringelt. Hinterleib hoch gewölbt, weisslich oder röthlich, dicht netzartig braun geadert; auf dem Rücken eine Längslinie, von kurzen Querfleckchen gekreuzt, bisweilen unterbrochen, und jederseits eine ebensolche weniger deutlich, schwarz oder dunkel weinroth. Seiten und Bauch schwärzlich grau gefleckt. Im Herbst und Frühjahr und den Winter hindurch im Moose findet man reife Männchen. Ziemlich häufig. Koch VIII. Fig. 641.

Bolyphantes alpestris. Weib 2¼''', Mann 1¾''' lang.
An Gestalt, Farbe und Zeichnung der vorigen sehr ähnlich. Aber der Kopf bei dem Weibchen ist stärker gewölbt, und bei dem Männchen stark erhoben und nach vorn vorgezogen, fast breit stielartig vorstehend. Auf der Mitte des Vorderleibes eine feine Längslinie und die Seitenkanten schwarz. Die vordern Mittelaugen näher beisammen als bei B. trilineatus. Tasterkolben des Männchen dick und kurz. Weibliche Tasterkralle achtzähnig. Beine gleichfarbig ockergelb, ohne Ringe. Im October fing ich zahlreich reife Männchen und Weibchen bei Ludwigsort, auch anderwärts häufig. Koch VIII. Fig. 642.

8. Gattung Pachygnatha.

Pachygnatha Listeri. Weib 3''', Mann 2⅕''' lang. Vorderleib rostgelb, eingestochen punctirt; ein gleichbreiter durchlaufender Mittelstreif, von dessen Mitte ein gebogener, bisweilen unterbrochener oder undeutlicher Streif nach den Seitenaugen, eine feine Randlinie und ein breiter Streif vom Vorderrande des Thorax schräg einwärts nach hinten ziehend schwarzbraun. Hinterleib oval; ein zackenrandiges Rückenfeld braun mit eingemischten grüngelben Fleckchen; in der Mitte desselben ein spindelförmiger gelber durchlaufender Längsstreif, bisweilen unterbrochen, in dessen Mitte eine braune spindelförmige Längslinie; das Mittelfeld von breiten grüngelben Streifen mit schwarzen Netzlinien eingefasst, die um den Vorderrand laufen; Seiten und Bauch braungrünlich, mit untermischten gelben Fleckchen. Taster und Beine hell bräunlichgelb, ungefleckt. — Das Männchen dunkler als das Weibchen. Die Mandibeln des Männchens an der Spitze mit einem fingerförmigen Fortsatz, in der Mitte der Fangkralle an der innern Seite ein Dorn. Im Herbste reif, sehr häufig im Grase, auf Gesträuch u. s. w. Koch XII. Fig. 1064.

Pachygnatha Degeerii. Weib 1¾''', Mann 1½''' lang. Vorderleib schwarz oder dunkelbraunroth, eingestochen punctirt. Die Fangkralle der Mandibeln roth, lang, in der Mitte der Innenseite ein sehr kleines, oft nicht bemerkliches Eckchen. Auf dem Hinterleib ein zackenrandiges Rückenfeld bis zu den Spinnwarzen reichend, gelblichbraun, am Rande vertrieben schwarz, im Innern schwarz gemischt; in der Mitte desselben eine Längsreihe paarweiser weisser Fleckchen, das Paar vor der Mitte am grössten und am weitesten von einander abstehend, die Paare vor und hinter ihm einander immermehr genähert, die vordern in die Länge gezogen, die hintern kleiner, mehr rundlich oder in die Breite ausgedehnt; zwischen beiden Fleckenreihen eine dunkle Linie. Die Einfassung des Rückenfeldes weiss oder gelblich, schuppig geadert, über dem Vorderrande zusammenkommend; die untere Seitenpartie und der Bauch gelbbräunlich. Beine und Taster bräunlichgelb, ungefleckt.

Ohlert, Die Araneiden. 4

Die Spinne variirt mit hellerer und dunklerer Färbung.
Reife Individuen in der ganzen wärmern Jahreszeit auf Ge-
büsch u. s. w., im Winter unter Moos, sehr häufig. Koch
XII. 1065.

Pachygnatha Clerckii. Weib 1¾''', Mann 1½''' lang.
Vorderleib dunkel schwarzbraun bis bräunlichgelb; wenn
er heller ist, mit einem dunkeln Streifen in der Mitte und
an den Rändern. Auf dem Hinterleibe ein wellenrandiges
Rückenfeld schwarz oder olivengrün, eingefasst von Seitenstreifen, die aus Silberflecken bestehen, um den Vorderrand laufen und hinten über den Spinnwarzen zusammenkommen; das Rückenfeld durchzogen von einem Mittelstreifen, der aus paarweisen Silberflecken besteht, die in
der Mitte am grössten, nach hinten und vorne kleiner werden. Bauch schwarz, in den Seiten mit Silberfleckchen bestreut, in der Mitte eine elliptische, vorn abgeschnittene
Figur aus Silberfleckchen. Statt der Silber- bisweilen Gold-
farbe. Brust graugelblich, schwarzschattig, am Rande
dunkler. Taster und Beine blass ockergelb, Gliederspitzen
bräunlich. Mandibeln schwächer als bei der vorigen, Fangkralle ohne Zahn. — Selten. Zwei Weibchen und zwei
Männchen fing ich im Juli bei Albrechtsdorf bei Landsberg, ein Männchen bei Dammhof im August mit noch
nicht reifen Tasterkolben. Koch XII. 1067.

9. Gattung Erigone.

Erigone dentipalpa. Weib 1½''', Mann 1¼''' lang.
Schwarz oder schwarzbraun, Beine und Taster zimmtroth
oder blasser. — Beim Männchen der Kopf hoch gewölbt, der vordere hohe Abhang desselben unter den
Augen plötzlich eingezogen, dann sanft nach vorn geneigt.
Der Seitenrand des Vorderleibes nahtförmig aufgeworfen,
mit Dornen besetzt. Die vordern Mittelaugen auf dem vortretenden Vorderrande der Kopffläche, etwa um Augenbreite, die hintern wenig weiter auseinander, die Seitenaugen nahe dabei. Der ganze Vorderleib glatt und glänzend. Brust ganz glatt, glänzend schwarz, behaart. Die
Taster fast dreimal so lang als die Vorderschenkel; das
zweite Glied länger als der Vorderschenkel, S förmig ge-

krümmt und nach innen geschwungen, auf der Unterseite
mit Dornen oder Zähnchen (meistens 10) besetzt, am Ende
unten nach aussen ein spitzes Dörnchen; das dritte Glied
kegelförmig, etwa halb so lang als das zweite, an der Spitze
unten ein langer starker Fortsatz, $^2/_3$ so lang als das Glied
selbst; das vierte Glied so lang als das dritte, breit kegelförmig, von den Seiten zusammengedrückt. An den Mandibeln am Aussenrande der Vorderfläche eine Reihe kleiner
Dornen, am Innenrande an der Basis einige Dörnchen, auf
der übrigen Vorderfläche einige kleine körnige Dörnchen
zerstreut, an der Rinne für die Fangkralle starke Dornen
in zwei Reihen. Hinterleib oval, mattglänzend, schwarz,
durch weisse Härchen schimmernd. Bauch tief schwarz,
glänzender als die Oberseite. — Das Weibchen ist meistens heller gefärbt als das Männchen, der Körper mehr ins
Braune, Beine und Taster ins Gelbliche ziehend. Kopf gewölbt, aber nicht viel höher als der Thorax. Die Dörnchen
am Rande des Vorderleibes und auf den Mandibeln klein,
doch stets vorhanden. Die Decke der weiblichen Genitalien
bildet eine am Hinterrande in der Mitte herzförmig ausge-
schnittene, am Rande schwielig aufgeworfene kleine Platte,
zu jeder Seite des Ausschnittes etwas zurücktretend ein
Grübchen mit schwieligem Rande. — Koch VIII. Fig. 659.
660.

Man findet diese ausgezeichnete Spinne im reifen Zustande das ganze Jahr hindurch sehr häufig, im Sommer
auf Sträuchern u. s. w., im Winter im Moose.

Erigone longimana. Weib 1$^1/_4$''', Mann 1''' lang. Vorderleib schwarz oder dunkel rothbraun, Hinterleib schwarz
mit Purpur- oder rothem Kupferschimmer und weisslich
behaart, Beine und Taster braunroth oder braungelb. —
Beim Männchen der Kopf hochgewölbt und breit, der
vordere hohe Abhang unter den Augen plötzlich eingezogen, dann gerade, fast senkrecht, sanft geneigt; der Thorax
buckelförmig gewölbt. Der Seitenrand des Vorderleibes
mit einer schmalen nahtförmigen Längsleiste mit feinen
welligen Längslinien, am Hinterrande herumziehend und
hier stärker; die Seitenabhänge des Thorax etwas fein runzelig
und darin drei strahlig auslaufende punctirte und gestrichelte Linien schwach angedeutet; sonst der ganze Vorder-

leib glatt und stark glänzend. Die vordern Mittelaugen auf
dem vortretenden Vorderrande der Kopffläche etwas vorstehend, nahe bei einander, die hintern um einfache Augenbreite aus einanderstehend, die Seitenaugen zur Seite der
obern Kopffläche. Brust stark runzelig oder höckerig rauh,
behaart, tief schwarz, mattschimmernd. Die Taster fast
zweimal so lang als die Vorderschenkel: das zweite Glied
etwa $3/4$ so lang als der Vorderschenkel, dünn, cylindrisch,
sanft einwärts geschwungen, an der Basis auf der Innenseite ein sehr kleiner Dorn, sonst unbewehrt; das dritte
Glied halb so lang als das zweite, keulenförmig, ohne Fortsatz; das vierte kurz, kegelförmig, an der innern Seite in
eine lange lanzettförmige Schuppe erweitert, die sich am
Ende drehend in einen gekrümmten Haken endigt. Die
Mandibeln unbewehrt. — Das Weibchen meistens heller
als das Männchen. Die Mandibeln zeigen am Aussenrande
der Vorderfläche eine Reihe zarter Zähnchen, die ich beim
Männchen nicht bemerken kann; auch auf der Randleiste
des Vorderleibes bisweilen kaum wahrnehmbare Dörnchen,
wogegen dieselben bei E. dentipalpa sehr deutlich sind.
Brust glatt und glänzend. Die Decke der weiblichen Genitalien eine ziemlich breite anliegende Platte, die am Hinterrande einfach herzförmig ausgeschnitten, etwas schwielig
verdickt und gelbbräunlich ist. Koch VIII. Fig. 661,
662. Lebensweise und Vorkommen wie bei E. dentipalpa.
Ich fand drei reife Männchen und zahlreiche Weibchen
Ende März im Moos aus der Nähe von Wundlak bei Brandenburg.

Erigone serotina. Weib $1\frac{1}{4}'''$, Mann $1'''$ lang. Vorderleib schwarz oder schwarzbraun, Hinterleib ebenso,
oder bisweilen gelbbraun, Beine und Taster gelblich braun.
— Beim Männchen bildet der Kopf einen breiten, abge-
stumpften, oben zugerundeten Kegel, nach allen Seiten
ziemlich steil abfallend, der vordere Abhang unter den
Augen nicht eingezogen. Der Thorax buckelförmig gewölbt, der Rand ohne merkliche Leiste, flach, durch feine
Längsfältchen runzelig, nach oben in drei undeutliche etwas
runzelige Strahlenstreifen übergehend, auf dem Thorax
oben einige eingestochene Pünctchen; sonst der ganze
Vorderleib glatt und stark glänzend. Die vier Mittelaugen

stehen auf der obern Fläche des Kopfkegels, die hintern
am Hinterrande derselben um mehr als dreifache Augenbreite von einander, die vordern am Vorderrande ganz
nahe beisammen, die Seitenaugen an den Seitenabhängen
etwas unter dem Scheitel. Zwischen den Mittelaugen die
Fläche mit kleinen Härchen besetzt. Die Brust bei beiden
Geschlechtern runzelig punctirt, rauh, schwarz, matt
schimmernd, in der Mitte etwas glatter und glänzender als
gegen den Rand. Die Taster und Mandibeln des Männchens
ganz ebenso wie bei Erigone longimana. Der Hinterleib
oval, glatt, fein behaart, matt glänzend. — Beim W e i b -
c h e n ist der Kopf wenig höher als der Brustrücken, doch
merklich davon durch eine Einbiegung geschieden, einfach
sanft gewölbt. Die Augen stehen auf dem vordern Rande
des Kopfes, die hintern Mittelaugen etwas näher zusammen
als bei dem Männchen. Die Decke der weiblichen Genitalien bildet eine breite anliegende Platte, auf dem hintern
Theile derselben in der Mitte eine längliche, von zwei
Längsfurchen eingeschlossene Erhebung, durch deren Mitte
eine durch den Hinterrand ausgehende Längsfurche läuft.
K o c h VIII. Fig. 663, 664.

Lebensart und Vorkommen wie bei E. dentipalpa. Ich
fand davon zwei Männchen und zwei Weibchen im Winter
in Moos aus der Umgegend von Wundlak bei Brandenburg. Sie scheint recht selten zu sein.

10. Gattung Micryphantes.

Uebersicht der Species.

A. Kopf, besonders des Mannes, hoch erhoben und unregelmässig gebildet, die Augenstellung dadurch
meistentheils verschoben, bei den Weibchen meistens
regelmässig, Vorderleib braun oder schwarz, Hinterleib schwarz.

1. M. bicuspidatus. W. 1¼‴, M. 1‴. Kopf des M.
oben mit zwei hornartigen Fortsätzen nebeneinander, an der Spitze derselben vorn die beiden hintern Mittelaugen. Selten.

2. M. cucullatus. W. 1‴, M. ¾‴. Auf dem Kopfe
des M. eine kappenförmige abgerundete Erhöhung,

auf deren Vorderscheitel die hintern Mittelaugen
weit von einander, vor derselben an ihrem Fuss die
andern 6 Augen in einer gekrümmten Linie. Selten.

3. M. inaequalis. W. 1''', M. ³/₄'''. Kopf des M.
sehr hoch helmförmig, rückwärts übergeworfen, beim
W. hochgewölbt, bei beiden durch eine tiefe Bucht
vom buckelförmigen Brustrücken geschieden. Selten.

4. M. tibialis. W. 1¹/₂''', M. 1'''. Kopf des M. kugelförmig, knopfartig stark erhöht, vorn unten ein
schief aufrechtes Zähnchen mit einem geschwungenen Häkchen. Beine zimmetroth, die Schienbeine
der zwei Vorderpaare schwarz. Selten.

5. M. caespitum. Weib 1¹/₄''', M. 1'''. Kopf des M.
wie ein von den Seiten zusammengedrückter Kegel
schräg nach vorn vorgezogen, oben durch eine
Querfalte in zwei hinter einander liegende Spitzen
getheilt, auf denen die Mittelaugen stehen. Selten.

6. M. ochropus. W. ³/₄''', M. ²/₃'''. Kopf des M. helmförmig erhöht, von den Seiten zusammengedrückt,
der Vorderscheitel in der Mitte eingedrückt, auf
den dadurch entstehenden Kopfecken die hintern
Mittelaugen weit von einander, die vordern tief
unter jenen nahe beisammen. Nicht häufig.

7. M. bituberculatus. M. 1¹/₈''', W. unbekannt. Vorderleib bräunlichgelb. Auf dem Kopfe zwei blasen-
artige ovale Höcker neben einander, davor die
Augen in regelmässiger Stellung. Sehr selten.

8. M. conifer. W. ⁷/₈''', M. ³/₄'''. Kopf des M. zu
einem geradeaufstehenden Kegel erhoben, vorn an
an der Spitze desselben die vordern Mittelaugen,
die hintern an der hintern Basis des Kegels nahe
beisammen, die Seitenaugen von diesen seitwärts
nach vorn. Nicht selten.

9. M. gibbus. M. ⁷/₈''', W. unbekannt. Vorderleib
bräunlichgelb. Kopf und Brustrücken hoch gewölbt, hinter den Augen ein kurzer stumpfer Kegelhöcker. Selten.

10. M. stylifer. M. 1''', W. unbekannt. Kopf vorn
steil abfallend und auf seinem Vorderrande ein
kleiner Stiel, an der Spitze etwas verbreitert und

schwach zweilappig; die vordern Mittelaugen vor
dem Stiele dicht beisammen, die hintern hinter
demselben. Selten.

11. M. frontalis. W. $^3/_4'''$, M. $^2/_3'''$. Kopf des M.
oben breit polsterförmig, über den Vorderrand vorstehend, sanft nach vorn geneigt, am Rande des
Polsters, vorn, hinten und an beiden Seiten je zwei
Augen. Ziemlich selten.

12. M. capito. M. $^3/_4'''$, W. unbekannt. Kopf hoch,
von den Seiten zusammengedrückt, hinten an der
Basis sanft in den Brustrücken übergehend, die
vordere Scheitelfläche sanft geneigt bis zu einer
Querleiste, auf der die vordern Augen stehen, die
hintern Mittelaugen weit über den vordern auf der
Höhe des Kopfes. Selten.

B. Kopfbildung und Augenstellung regelmässig.

a. Vorder- und Hinterleib schwarz oder dunkelfarbig.

13. M. fuscipalpus. W. $^7/_8'''$, M. $^3/_4'''$. Schwarz. Beine
und Taster bräunlichgelb, Endglieder schwärzlich
verdunkelt. Mittelaugen fast im Quadrat. Auf dem
vierten Tastergliede des M. ein kurzer Dorn. Die
Genitaliendecke des W. am Hinterrande ausgebuchtet. Nicht selten.

14. M. rufipalpus. Kaum $^2/_3'''$. Schwarz, Taster und
Beine roth. Sehr selten.

15. M. crassipalpus. W. $1^1/_2'''$, M. $1^1/_3'''$. Vorderleib
hornbraun, Kopf und Strahlenstriche auf dem Tho-
rax dunkelbraun, Hinterleib schwarz, Schenkel
zimmetroth. Das dritte und vierte Tasterglied des
M. kurz und dick. Genitaliendecke des W. am
Hinterrande gerade abgeschnitten, jederseits mit
einem kleinen Drüschen. Selten.

16. M. phaeopus. W. $1'''$, M. $^3/_4'''$. Vorder- und Hinterleib kurz, dick, breit, dunkel rothbraun, punctirt. Beine braunroth, Kniee und Hüften gelb. Am
vierten Tastergliede des M. oben ein kurzer breiter
Stiel. Genitaliendecke des W. am Hinterrande einfach sanft geschwungen. Selten.

17. M. cristatopalpus. W. $^2/_3'''$. M. wenig kleiner.
Vorderleib schwarzbraun, Hinterleib schwarz, Beine

gelbbraun. Auf dem vierten Gliede der männlichen Taster ein kammförmiges Haarbüschel. Genitaliendecke des W. hinten stumpf dreieckig abgerundet. Nicht selten.

b. Rother oder hellfarbiger Vorderleib, schwarzer oder dunkelfarbiger Hinterleib.

18. M. rubripes. W. 1³/₄''', M. 1½'''. Vorderleib braunroth, Beine gelbroth, Schenkel zimmetroth, Hinterleib blauschwarz. Beim Mann auf der Vorderfläche der Mandibeln ein Dorn, am dritten Tastergliede unten ein kurzer Dorn. Genitaliendecke des Weibes am Hinterrande abgerundet, in der Mitte desselben ein Quergrübchen. Sehr häufig.

19. M. erythrocephalus. W. 1½''', M. 1¼'''. Vorderleib, Beine, Taster und Brust rothgelb, ersterer und letztere mit brauner oder schwarzer Kantenlinie, Hinterleib hochgewölbt, schwarz mit Purpurschimmer. Genitaliendecke des W. hinten mit einem Zähnchen. Selten.

20. M. laminatus. W. 1''', Mann unbekannt. Vorderleib bräunlichgelb, Seitenkanten fein braun; Hinterleib heller oder dunkler olivenbraun. Hüften und Schenkel bräunlichgelb, die andern Glieder olivenbräunlich. Genitaliendecke des W. rostroth, hinten mit einem dicken Fortsatz. Selten.

21. M. ovatus. W. ³/₄''', M. wenig kleiner. Vorderleib bräunlichgelb, Hinterleib schwarz oder heller, Beine röthlichgelb. Das vierte Tasterglied des M. oben mit einem Dorn. Genitaliendecke des W. vor dem Hinterrande mit einem hufeisenförmigen Wulst um eine rundliche Grube. Nicht selten.

22. M. aequalis. W. 1''', M. ⅞'''. Vorderleib, Taster und Beine mennigroth, Hinterleib schwarz oder heller. Viertes Tasterglied des M. fast oval, ohne Dorn. Genitaliendecke des Weibes mit einem kleinen Stiel am Hinterrande. Selten.

23. M. grandimanus. W. 1¼'''. M. 1''' lang. Vorderleib braungelb, Hinterleib schwärzlich olivenfarbig, Beine und Taster gelb. Tasterkolben des M. sehr gross, so lang als das zweite und dritte Tasterglied

zusammen. Genitaliendecke des W. mit einem
dünnen langen Stiel. Selten.
24. M. ruficephalus. W. 1¼‴, M. 1‴. Vorderleib
rothbraun, Hinterleib schwarz, Beine rothgelb.
Männliche Taster kurz, an der Basis des Kolbens
aussen ein krummer Haken. Genitaliendecke des
Weibes am Hinterrande mit einem kurzen zungen-
förmigen Stiel. Selten.
C. Hellfarbiger Vorderleib, gefleckter Hinterleib.
25. M. isabellinus. W. .1⅚‴, M. 1¼‴. Vorderleib
und Beine ockergelb, Hinterleib rostgelb, mit rostrothen Flecken, die Flecken in schiefe Querreihen
geordnet, bisweilen verwischt. Selten.
Micryphantes bicuspidatus. Weib 1¼‴, Mann kaum
1‴ lang. Vorderleib hornbraun, glänzend, Hinterleib
schwarz, glänzend, Taster und Beine zimmetroth. Der
Kopf des Männchens hoch, oben darauf zwei hornähn-
liche Fortsätze neben einander, und vorn an der Spitze
derselben die zwei hintern Mittelaugen, vorwärts gerichtet;
die vordere Kopffläche hoch und breit gewölbt, und darauf
die übrigen Augen in regelmässiger Stellung. Das vierte
Tasterglied kurz, an der Spitze aber ein Zähnchen. — Bei
dem Weibchen der Kopf wenig höher als der Thorax,
einfach gewölbt; Augen in regelmässiger Stellung; das
Endglied der Taster etwas gebogen, mehr walzen- als
nadelförmig, doch am Ende zugespitzt. Koch IV. Fig.
338, 339.
Im Juni haben die Männchen reife Taster. Auf Gesträuch u. s. w. Von dieser Spinne hat Herr Oberlehrer
Menge in Jeschkenthal bei Danzig ein Männchen und ein
Weibchen gefunden; mir ist sie noch nicht vorgekommen,
sie muss also selten sein.
Micryphantes cucullatus. Weib 1‴, Mann ¾‴ lang.
Vorderleib schwarzbraun, Kopf heller bräunlichgelb, Hinterleib schwarz. — Bei dem Männchen ist der Kopf für
sich nicht viel höher als der Brustrücken, aber auf demselben steht ein Hügel, dem Umriss nach von vorn nach
hinten länglich rund, oben abgerundet, von Gestalt einer
Kappe; dieser Hügel ist hell gelbbräunlich, über den
Scheitel aber läuft von hinten nach vorn ein dunklerer

Streif, wodurch leicht der täuschende Schein entsteht, als
ob er durch eine Furche getheilt wäre. Der Hügel ist von
geringerem Umfange als der Kopf und von den Seiten zusammengedrückt, daher fällt er an den Seiten steil zur
Kopffläche ab, und vor ihm bildet der Kopf einen stufenartigen Absatz. Auf diesem Absatz, am vordern Fusse des
Hügels stehen die vordern Mittelaugen dicht zusammen,
seitwärts von ihnen die Seitenaugen mehr nach hinten, so
dass diese zusammen einen nach hinten gekrümmten Bogen
bilden; die hintern Mittelaugen stehen weit von einander
vorn auf dem kappenförmigen Hügel, jedes in einem länglichen schwarzen Fleckchen. Hinter demselben ist der
Brustrücken sanft buckelförmig erhöht, nach hinten mit
sanftem Abhange, worauf ein breites flaches Grübchen, auf
dem Thorax undeutliche dunklere Strahlenstriche. Die
Taster kurz, bis an das Ende der Kniee der Vorderbeine
reichend; das dritte Glied etwa ⅓ so lang als das zweite,
gegen das Ende schwach verdickt; das vierte breit, auf der
innern Seite in eine breite Schuppe ausgezogen, die an der
Spitze ein gekrümmtes Häkchen hat. — Von dieser Spinne
fand ich zwei Männchen in Moos aus Wundlak, und mit
ihnen zusammen zwei Weibchen, die ich als dazu gehörig
betrachten zu dürfen glaube. Diese Weibchen sind in Färbung und Gestalt dem Männchen gleich, ausser dass der
Hügel auf dem Kopfe fehlt. Der Kopf ist bei ihnen fast
gleich hoch mit dem Brustrücken, die hintern Mittelaugen
nicht so weit von einander und von den vordern als bei
dem Männchen. Die Decke der weiblichen Genitalien bildet eine gelbe Platte, die hinten fast gerade abgeschnitten,
in der Mitte von einer Längsfurche durchzogen ist, die
sich gegen den Hinterrand gabelförmig spaltet. — Walckenaer Ins. apt. II. p. 368.

Die von Koch M. cucullatus genannte Spinne III.
pag. 45 ist nach Beschreibung und Abbildung eine andere,
obgleich sie Walckenaer citirt.

Micryphantes inaequalis. Weib fast 1‴, Mann ¾‴
lang. Vorderleib glänzend schwarz mit einem Stich ins
braunrothe, Hinterleib oval, oben etwas niedergedrückt,
schwarz, matt glänzend, auf dem Rücken grob eingestochen
punctirt, die Rückenstigmen gross und deutlich. Der Vor-

derleib bei beiden Geschlechtern von oben gesehen breit
oval, der Thorax fast kreisrund, der kurze Kopf viel
schmäler. Beine und Taster bräunlichgelb. — Der Kopf
des Männchens sehr hoch erhoben, fast so hoch als der
Thorax lang, helmförmig, rückwärts gegen den Nacken
überfallend gewölbt, oben abgerundet, vorn in der Hälfte
der Höhe mit einem stufenartigen Absatz. Die hintern
Mittelaugen stehen vorn auf dem Scheitel des Kopfes weit
von einander; auf dem Absatz in der Mitte die vordern
Mittelaugen nahe beisammen, weit von den hintern, und
seitwärts von ihnen die Seitenaugen. Der Thorax buckelförmig, vom Kopfe durch eine tiefe Bucht geschieden, von
seiner Mitte laufen drei bis vier Reihen vertiefter Puncte
strahlenförmig nach dem Rande. Taster nicht lang; das
vierte Glied halb so lang als das dritte, verkehrt kegelförmig, fast schüsselartig erweitert, und den Kolben an der
Basis umfassend, der obere Rand an der Innenseite in eine
hakenförmige Spitze ausgezogen, daneben nach aussen ein
kurzer stumpfer Fortsatz. Der Kolben gross, knotig, auf
der Unterseite an der Basis eine breite hornige Schuppe,
die in einen langen, dünnen, gegen die Spitze des Kolbens
gekrümmten Haken ausgeht. Der Hinterleib an den Seiten
und hinten durch herumziehende Längsfalten und Runzeln
rauh, auf dem hintern Theil mehr oder minder deutlich
einige feine hellere Bogenstriche hintereinander. — Bei
dem Weibchen der Kopf hoch gewölbt, hinten steil abfallend und durch eine tiefe Bucht vom Thorax geschieden,
vorn senkrecht abfallend. Der Thorax buckelförmig erhöht,
von seiner höchsten Stelle laufen seichte Strahlenfurchen
und drei deutliche Strahlenreihen von eingestochenen
Puncten nach dem Rande; ausserdem die übrige Fläche
des Thorax und sein Rand etwas uneben durch Punctirung
und feine Runzelung, der Kopf glatt. Die Augen auf der
vordern Neigung des Kopfscheitels nahe beisammen in
regelmässiger Stellung. Die Decke der weiblichen Genitalien eine einfache Platte, der Hinterrand ziemlich gerade
und steil abgeschnitten, in der Mitte desselben ein leichter
rauher Eindruck. Beine rothgelb, das Knieglied gelb. —
Koch VIII. Fig. 671. 672.

Das Thierchen scheint selten zu sein. Ich fand im

Januar ein Männchen und Weibchen in Moos aus Zimmer-
bude bei Fischhausen, ebenso ein Pärchen in Moos aus
Wundlak und ein Weibchen in Moos aus Perkucken bei
Tapiau.

Micryphantes tibialis. Weib 1½‴, Mann 1‴ lang.
Vorderleib glänzend, dunkelbraun oder braunschwarz,
Kopf meistens tief schwarz, Hinterleib schwarz, selten aufs
Braune ziehend. Beine schön rostroth, beim Männchen
zimmetroth, die Schienen der vier Vorderbeine schwarz,
beim Männchen schwarzbraun. Der Thorax oval, mit etwas
aufgeworfenen Seitenrändern, hohem etwas buckeligem
Rücken und einem kleinen Grübchen an der hintern Abdachung. — Bei dem Männchen der Kopf viel höher als
der Thorax, knopfartig kugelförmig; vorn unter der Kugel
ein schief aufwärts stehendes Stielchen, an dessen Spitze
ein hakenförmiger, an der Spitze verdickter und geschwungen gebogener Fortsatz. Die hintern Mittelaugen auf der
vordern Wölbung des kugelförmigen Scheitels, weit auseinander, die vordern Mittelaugen unter dem Stiele viel
näher beisammen, die Seitenaugen von den letztern seitwärts. Die Taster etwas dünn, gelbbräunlich, die zwei
Endglieder dunkler, die Genitalien schwarz; das dritte
Glied knieartig, das vierte sehr kurz mit einem auf dem
Kolben aufliegenden Fortsatz, die Genitalien gross und
sehr höckerig. — Beim Weibchen der Kopf einfach gewölbt, wenig vorstehend, ohne Stiel davor, die Augen in
regelmässiger Stellung, Taster kastanienbraun. — Koch
III. Fig. 203 und VIII. Fig. 675.

Die Spinne ist selten. Die Männchen kommen schon
im Herbste mit reifen Tastern vor. Sie lebt im Winter
unter Moos in Wäldern, im Frühjahr auf Gebüsch. Herr
Menge hat sie am Johannisberge bei Danzig gefangen;
mir sind nur zwei Weibchen um Königsberg vorgekommen.

Micryphantes caespitum. Weib 1⅛‴, Mann fast 1‴
lang. Vorderleib oval, glänzend und glatt, dunkel schwarzbraun mit noch dunkleren Strahlenstrichen, der Kopf heller.
Hinterleib schwarz, fein punctirt, mattglänzend, leicht behaart, oval. Taster und Beine braungelb, beim Weibchen
rothgelb, die Schenkel dunkler und an der Spitze gelblich.
— Bei dem Männchen der Kopf wie ein breiter, von

den Seiten etwas zusammengedrückter Kegel aufwärts
schräg nach vorn über den Vorderrand vorgezogen, der
Gipfel oben durch eine Querkerbe in zwei hinter einander
liegende Spitzen getheilt; die vordere Spitze trägt die vordern Mittelaugen und ist mit steifen Härchen besetzt, die
hintere Spitze ist breiter, glatt, und auf ihrem hintern
Rande gleich unter der Spitze stehen die hintern Mittelaugen; zur Seite dieser auf den Seitenabhängen des Kegels
die Seitenaugen. Das dritte Tasterglied fast halb so lang
als das zweite, gegen die Spitze schwach keulenförmig verdickt; das vierte kurz kegelförmig, an der Spitze schüsselförmig, der Rand an der innern Seite in einen schuppen-
artigen Fortsatz erweitert, der fast oval, an der innern Ecke
einen nach aussen gekrümmten spitzen Haken hat. — Bei
dem W e i b c h e n der Kopf einfach hoch gewölbt, breiter
als beim Manne, der Thorax dahinter gleichmässig abfallend. Die Augen auf der vordern Neigung des Kopfes,
in gewöhnlicher Stellung, nahe beisammen, die vordern
etwas vorstehend wie auf einer kleinen Querleiste; darunter die Vorderfläche des Kopfes leicht gewölbt abfallend.
Die Decke der weiblichen Genitalien erscheint dick, nach
der Mitte zu wie ein kleiner Hügel oder ein sehr flacher
oben abgerundeter Kegel erhöht, dessen hintere Abfall-
fläche rauh ist, und in der sich ein dreieckiges Grübchen
mit erhöhtem glänzendem Rande erkennen lässt. K o c h
VIII. Fig. 673, 674.

Selten. Herr M e n g e hat bei Danzig 4 Exemplare,
ich ein reifes Pärchen in Moos aus der Umgegend von
Königsberg gefunden.

Micryphantes ochropus. Weib $\frac{3}{4}'''$, Mann $\frac{2}{3}'''$ lang.
Der Vorderleib oval, fein punctirt, glänzend, schwarz oder
schwarzbraun, im letztern Falle sind schwarze Strahlenstriche und Randlinie zu erkennen. Der Hinterleib länglich oval, schwarz, glänzend, leicht behaart. Beine und
Taster rostgelb, aufs Zimmetrothe ziehend. — Bei dem
M ä n n c h e n der Kopf helmförmig erhoben, von den Seiten
zusammengedrückt, hinten durch eine Querfurche scharf
vom Brustrücken geschieden und dagegen absetzend, vorn
die Fläche, auf der die Augen stehen, schräg geneigt, unter
den Augen senkrecht gerade abfallend, zwischen den hintern

Mittelaugen durch eine seichte Längsfurche eingedrückt. Die hintern Mittelaugen oben auf den Kopfecken weit von einander, die vordern etwas kleiner, nahe beisammen, weit von jenen; die Seitenaugen etwas weiter nach vorne als die vordern Mittelaugen. Der Kopf ist am Gipfel von den Seiten eingedrückt, wodurch unter den hintern Mittelaugen jederseits ein Grübchen entsteht. Das vierte Tasterglied kurz, schüsselartig erweitert, am obern Rande in zwei gekrümmte Haken ausgehend. Am Kolben ein langer spiralig gewundener Fortsatz. — Der Kopf des Weibchens ist kaum höher als der Brustrücken, kielartig gewölbt, die Fläche, auf der die Augen stehen, sanft geneigt, die Augenstellung wie beim Männchen, nur die hintern Mittelaugen nicht so weit von einander als beim Männchen. Die Grübchen unter den hintern Mittelaugen fehlen, aber an den Seiten des Thorax drei seichte kleine Grübchen dem Rande entlang. Die Decke der Genitalien ist eine einfache Platte, flach, der Hinterrand einfach abgerundet, in der Mitte ein sehr schwaches Kerbchen. — Koch IV. Fig. 336, 337.

Von diesem Spinnchen fand ich Ende März sechs reife Männchen und sechs Weibchen in Moos von Wundlak bei Brandenburg und ein Männchen in Moos von Labiau, sie scheint also selten zu sein. Herr Prof. Förster in Aachen, dem ich sie mitgetheilt, hält sie nicht für identisch mit M. ochropus Koch und hat mir die Ehre erweisen wollen, sie M. Ohlerti zu nennen, aber nach wiederholter Untersuchung und Vergleichung bin ich überzeugt, dass Koch bei seiner Beschreibung wirklich dieselbe Spinne vor sich gehabt hat.

Micryphantes bituberculatus. Mann 1⅛''' lang. Weib unbekannt. Walckenaer Hist. nat. des Ins. aptères Tom II. pag. 363 Argus bituberculatus. — Wider Mus. Senck. Taf. XV. Fig. 2. Theridium bituberculatum.

Von dieser sehr seltenen Spinne habe ich nur drei reife Männchen im Winter in Moos gefunden. Herr Walckenaer sagt, dass er seine Beschreibung nach drei Individuen gemacht, aber ihm scheint auch das Weibchen gefehlt zu haben, da er dessen gar nicht erwähnt.

Der Vorderleib des Männchens ist von oben gesehen

breit oval. Der Kopf breit, dick und hoch gewölbt, geht hinten durch eine leichte Biegung in den Brustrücken über. Auf den Scheitel des Kopfes sind zwei Höcker aufgesetzt, von der Gestalt zweier der Länge nach neben einander liegender Eier oder ovaler Blasen, blank und durchscheinend; die Furche zwischen den Höckern mit Härchen besetzt. Die Vorderfläche des Kopfes breit, hoch, abgerundet. Auf derselben stehen gleich unter den Höckern die Augen in zwei Reihen in gewöhnlicher Stellung, die Seitenaugen etwas weiter von einander als gewöhnlich. Der Vorderleib ist glatt, glänzend, bei einem Exemplar gelbroth, bei den beiden andern mehr bräunlichgelb; am Rande eine feine braune Linie, der Kopf um die Höcker dunkler, die Höcker heller. Die Brust breit, glänzend und glatt, gelbroth oder bräunlichgelb, der Rand fein schwarz. Mandibeln und Maxillen gelbroth, die Lippe braun mit gelbem Rande. Mandibeln am obern Theile schwach aufgeblasen, gegen die Spitze stark verdünnt und etwas auswärts geschweift. Taster ziemlich lang; das zweite Glied geschwungen, gegen das Ende etwas verdickt, das dritte fast halb so lang, beide unbewehrt; das vierte kürzer als das dritte, kegelförmig, an der Spitze oben auf der innern Seite in einen langen, schmalen, gekrümmten, gelben Haken erweitert, seitwärts davon nach aussen ein kurzer krummer Haken. Die Deckschuppe des Kolbens oval, behaart. Beine und Taster röthlich gelb oder etwas aufs Bräunlichgelbe ziehend. — Der Hinterleib oval, eingestochen punctirt, mattglänzend, schwarz mit einem Stich ins Blaue, die Rückenstigmen deutlich; bei einem Exemplar Spuren von weisslichen Bogenstrichen auf dem hintern Theile. Bauch schwarz, mit zwei bräunlichen Längsstreifen. Lungenschildchen und Spinnwarzen gelblichbraun.

Micryphantes conifer (mihi). Weib $^7/_8'''$, Mann $^3/_4'''$ lang. Bei dem Männchen ist der Vorderleib von oben gesehen eiförmig, vorn zugespitzt. Der Kopf desselben ist zu einem steil aufstehenden schmalen Kegel erhoben, der oben abgestumpft, auf dem Scheitel einen Schopf kurzer auseinanderstehender Haare trägt, nach hinten und an den Seiten ziemlich steil abfällt; sein vorderer Abhang ist anfangs senkrecht, dann stark einwärts gebogen, so dass der

Kegel über den Vorderrand des Vorderleibes vorragt. Die
vordern Mittelaugen stehen nahe zusammen vorn an der
Spitze des Kegels vor dem Haarschopf; die beiden hintern
Mittelaugen an der hintern Basis des Kegels, kaum um
Augenbreite auseinander; die Seitenaugen von diesen seitwärts an den Seitenabhängen des Kegels, so dass diese
sechs glänzenden Augen wie eine vorn unterbrochene Per-
lenschnur um den Nacken bilden. Der Vorderleib ist matt
glänzend, sehr fein punctirt, am Rande nicht erhoben.
schwarzbraun oder hornbraun, der Kopf und besonders der
Kegel heller, fast bräunlichgelb, die Randlinie des Thorax
schwarz, auf dem Thorax dunkle Strahlenschattenlinien.
Die Taster des Männchens reichen wenig über die Spitze
des Vorderschenkels hinaus; das zweite Glied fast gerade,
sehr wenig geschwungen; das dritte etwa zweimal so lang
als dick, schwach kegelförmig gegen die Spitze verdickt,
wenig gekrümmt; das vierte kurz, schüsselförmig erweitert,
der obere Rand in eine gewölbte ovale Schuppe ausgezogen,
die oben zugespitzt ist, die Spitze auswärts gebogen. Die
Kolbendeckschuppe gross, breit, oval, die Genitalien gross,
sehr complicirt mit Lappen und Höckern. Mandibeln
schwach, matt glänzend. Mundwerkzeuge, Taster und
Beine braungelb. Brust breit, gewölbt, schwarzbraun mit
Sammetglanz. Hinterleib oval, oben und unten schwarz,
matt glänzend, fein punctirt und behaart. — Bei dem
Weibchen Vorderleib breit oval. Kopf nicht höher als
der Brustrücken, die Linie über Kopf und Thorax gerade,
fällt hinten schräg ab. Augen in gewöhnlicher Stellung.
ragen wenig vor. Der Abhang unter den Augen ohne
Quereindruck, fällt gerade ab. Die Decke der Genitalien
sehr charakteristisch; sie bildet eine Platte, die der Länge
nach von einer deutlichen Furche durchzogen ist, die sich
am Hinterrande öffnet; der mittlere von der Furche durch-
zogene Theil ist schwarz oder dunkelbraun und von einem
hufeisenförmigen bräunlichgelben Streifen umzogen.

Von diesem ausgezeichneten Spinnchen habe ich reife
Männchen und Weibchen im Winter im Moose aus einem
hiesigen Garten, aus dem Walde der Wilkie bei Königsberg, dem Angerburger Stadtwalde, aus Tolks bei Bartenstein, aus Heiligenwalde, aus der Haide bei Pr. Eylau, aus

Wundlack bei Brandenburg und aus Labiau, im Ganzen 66 Weibchen und 20 Männchen, aber auch im Sommer auf Strauch gefunden. Sie ist also nicht selten und weit verbreitet. Dennoch finde ich sie nirgends beschrieben, und habe mir daher erlaubt, ihr einen Namen zu geben, der die Kopfbildung des Männchens bezeichnet.

Micryphantes gibbus (mihi). Mann $^7/_8'''$ lang, Weib unbekannt. Von dieser Spinne habe ich drei reife Männchen in Moos gefunden, das Weibchen fehlt mir noch. Der Vorderleib des Männchens von oben gesehen kurz eiförmig, vorn stumpf, bräunlichgelb, Hinterleib eiförmig, schwarz. Der Kopf ist mit dem vordern Theile des Brustrückens gleich hoch, hoch gewölbt, hinten fällt der Brustrücken schräg ab, mit einem breiten flachen Grübchen. Gleich hinter den Augen steht auf dem Scheitel des Hinterkopfes ein kurzer abgestumpfter Kegel, leicht nach vorne geneigt, auf der Spitze desselben Haare, die sich nach den Seiten herabbiegen. Gleich hinter dem Kegel an jeder Seite ein ovales tiefes Grübchen. Vor dem Kegel bildet der Kopf eine kleine, etwas tiefer als der Hinterkopf liegende Stufe, auf der die Augen dicht zusammengedrängt in gewöhnlicher Stellung, die hintern Mittelaugen an der vordern Basis des Kegels. Auf dem Thorax dunklere Strahlenstreifen, der Kopfkegel heller, glatt und glänzend. Brust breit, stark gewölbt, braun, glatt und glänzend. Die Taster dünn, reichen bis über das Knie der Vorderbeine hinaus; das zweite Glied cylindrisch, geschwungen; das dritte etwa $^1/_3$ so lang als das zweite, gleich dick; das vierte kurz, dick. auf der obern Seite nach aussen in einen aufrecht stehenden, hakenförmig nach vorne gebogenen Sporn erweitert, neben dem nach innen an der Spitze des Gliedes einige kleine Spitzchen. Der Kolben klein, aber stark höckerig. Der Hinterleib länglich oval, schwarz, etwas matt glänzend. Der Bauch in der Mitte gelblichbraun, Lungenschildchen und Spinnwarzen gelb. Schenkel rothgelb, die andern Glieder gelb, die Gelenke weiss.

Ich habe diese Spinne nirgend beschrieben gefunden, und sie daher nach dem Kegelhöcker auf dem Rücken M. gibbus genannt.

Micryphantes stylifer (mihi). Mann 1''' lang, Weib unbekannt. Von diesem Spinnchen habe ich nur ein Männchen in Moos gefunden. Vorderleib länglich eiförmig, nach vorne verschmälert, dunkel rothbraun, glänzend. Hinterleib länglich eiförmig, schwarz, fein behaart. — Kopf nicht viel höher als der Brustrücken, beide hoch, fast kielförmig, auf dem Kiel eine feine Längsritze, hinten und an den Seiten ziemlich steil abfallend. Kopf vorn steil abfallend, und auf seinem Vorderrande ein kleiner Stiel, halb so lang als die Kopfhöhe, an der Spitze etwas verbreitert, verdickt und schwach zweilappig ausgeschnitten. Die vordern Mittelaugen stehen vor dem Stiele dicht beisammen, die hintern Mittelaugen hinter demselben auf der Höhe des Kopfes um Augenbreite auseinander, die Seitenaugen zu beiden Seiten des Stiels. Taster kurz; das dritte Glied zweimal so lang als dick, schwach keulenförmig; das vierte sehr kurz, an der obern Seite in zwei lange schmale, an der Spitze hakenförmig gekrümmte, behaarte, an der innern Seite oben den Kolben deckende, fingerförmige Fortsätze verlängert, an der untern Seite mit einem Dornchen. Die Kolbenschuppe breit, behaart, der Kolben dick, an der Spitze mit einem spiralig gewundenen langen hornigen Stiel. Brust und Mandibeln dunkelbraun, Taster und Maxillen röthlichgelb, Beine schön zimmetroth.

Da diese Spinne meines Wissens noch nicht beschrieben ist, so habe ich mir erlaubt, ihr obigen Namen zu geben. Sie kommt sehr nahe einem Spinnchen, das Herr Prof. Förster mir aus der Gegend von Aachen mitgetheilt und M. furcatus genannt hat, scheint mir aber doch nicht damit identisch.

Micryphantes frontalis (mihi.) Weib ³/₄''', Mann ²/₃''' lang. Vorderleib bei beiden Geschlechtern breit eiförmig, schwarzbraun, fast schwarz, glatt und glänzend, Kopf breit und heller gefärbt. Hinterleib oval, vorn über der Anheftestelle etwas kielartig verschmälert und weit über den Vorderleib vortretend, oben und unten fein chagrinirt, tief schwarz mit einem Stiche ins Blaue, glänzend. — Bei dem Männchen ist der Kopf polsterförmig erhöht, die Stirne nach vorn vorgezogen, breit, steht über den Vorderrand vor, daher die vordere Fläche des Kopfes concav gewölbt.

Der Scheitel des Kopfes bildet eine ebene, fast kreisförmige, sanft nach vorn geneigte Fläche, an deren Rand die Augen stehen: nämlich die beiden hintern Mittelaugen weit von einander am Hinterrande, die vordern dicht beisammen am Vorderrande, die Seitenaugen etwas weiter als gewöhnlich von einander am Seitenrande der Kopfplatte. Die Taster des Männchens reichen etwa bis ans Ende des Knies; das zweite Glied wenig gebogen; das dritte etwa zweimal so lang als dick; das vierte kegelförmig, napfförmig erweitert, verlängert sich am obern Rande in eine Schuppe, die in einen aufwärts stehenden, an der Spitze gekrümmten Haken ausgeht. Die Brust gewölbt, glatt und glänzend, schwarz oder schwarzbraun. Die Beine und Taster gelbbraun, mit einem Stich ins Rothe, die Spitzen der Schenkel, Kniee und Schienbeine sehr fein schwarz verdunkelt. — Bei dem Weibchen ist der Kopf auch etwas breit, dick und gewölbt, aber wenig höher als der Brustrücken, auch steht die Stirne nicht merklich vor. Daher die Augen in gewöhnlicher Stellung, die hintern und die vordern Augen bilden zwei gegen einander gekrümmte Bogen, die hintern Mittelaugen nicht so weit von einander als beim Männchen, die Seitenaugen etwas weiter von einander als gewöhnlich. Die Decke der weiblichen Genitalien etwas schmal, polsterförmig verdickt, am hintern Rande tief herzförmig ausgeschnitten. Der Hinterleib breiter als beim Manne. Beine und Taster gelbbraun.

Von diesem Spinnchen fing ich am 20. Mai an einem Zaune in Kinkeim bei Bartenstein sieben Weibchen und ein reifes Männchen, dann noch zwei reife Männchen in Moos aus der Umgegend von Königsberg im Winter. Da ich die Spinne nirgend beschrieben gefunden, so habe ich ihr wegen der vorstehenden Stirne den obigen Namen gegeben.

Micryphantes capito (**Förster**). Mann ³/₄''' lang, Weib unbekannt. Der Vorderleib des Männchens dunkel schwarzbraun, fast schwarz, Kopf und Stirn heller, von oben gesehen oval. Hinterleib oval, schwarz, fein punctirt, mattglänzend, zart behaart, Kopf hoch erhoben, von den Seiten zusammengedrückt, hinten ziemlich steil zum Brustrücken abfallend, aber an der Basis sanft in den Brustrücken

5 *

übergehend, die vordere Scheitelfläche, auf der die Augen
stehen, sanft geneigt bis zu einer Querleiste, darunter die
Stirne steiler abfallend, aber sanft gewölbt. Die vordern
Augen auf jener Querleiste; die vordern Mittelaugen nahe
beisammen, die hintern weit davon auf der Höhe des Kopfes,
nicht so weit auseinander als bei M. ochropus, und zwischen ihnen der Scheitel des Kopfes nicht eingedrückt, aber
zwischen den vordern und hintern Augen ein leichter
Quereindruck; der Kopf oben von den Seiten zusammengedrückt, und hinter den Augen durch eine von oben nach
unten gerichtete Grube eingedrückt, wodurch die Seitenränder der obern Kopffläche leisten- oder kielartig hervortreten. Der Thorax dunkelschwarzbraun, fein chagrinirt
und daher matt glänzend, im Nacken der Hinterkopf fein
querfaltig; der Kopf auf dem Scheitel, an den Seiten und
besonders die Stirn glatt und glänzend, nur zwischen den
Augen etwas rauh, und dabei der Kopf heller als der Thorax, bräunlichgelb. Brust breit, deutlich gekörnt, mattglänzend, schwarz. Taster mittelmässig lang, dünn; das
zweite Glied sanft geschwungen, das dritte etwa zweimal
so lang als dick, das vierte breit, schüsselförmig erweitert,
der obere Rand in einen schuppenförmigen Fortsatz verlängert, der sich in einen gekrümmten Haken endigt, der
Kolben ziemlich dick und höckerig. Die Taster und Beine
zimmetroth, die Kniee und die Spitzen der Glieder röthlichgelb.

Von dieser kleinen Spinne fand ich im März in Moos
aus Wundlack bei Brandenburg und aus Perkucken bei
Tapiau fünf Männchen, aber kein Weibchen. Herr Prof.
Förster in Aachen, der sie auch in jener Gegend gefunden, hat ihr obigen Namen gegeben.

Micryphantes fascipalpus. Weib ⁷/₈''', Mann ³/₄''' lang.
Vorderleib schwarz oder schwarzbraun, glänzend, glatt, an
den Seiten des Thorax schwach runzelig, länglich oval,
Kopf und Thorax gleich hoch, die Linie über den Scheitel
hinter dem Kopf nur schwach eingebogen. Die Vorderaugen
auf einem kleinen Quervorsprung, darunter die Vorderfläche des Kopfes niedrig, eingezogen, und dann ziemlich
gerade abfallend. Die Mittelaugen fast im Quadrat, die
Seitenaugen auf einer kleinen Erhöhung, wenig schräge

gestellt. Brust breit, stark gewölbt, glatt, glänzend, schwarz.
Taster hornbraun, die zwei Endglieder schwarz; bei dem
Männchen die Taster wenig länger als bis zur Spitze der
Vorderschenkel reichend, das zweite Glied sanft geschwungen, das dritte wenig länger als dick, das vierte kurz und
breit kegelförmig, oben an der Innenseite mit einem kurzen
Dorn, die Kolbenschuppe runzelig, im untern Theile auf
dem Rücken buckelförmig aufgetrieben; bei dem Weibchen die Endglieder stark mit Borsten besetzt. An den
schwarzbraunen Mandibeln die äussere Kante der Vorderfläche scharf und mit einer Reihe feiner Zähnchen besetzt.
— Hinterleib länglich oval, etwas niedergedrückt, schwarz,
fein schwarz behaart. Spinnwarzen schwarz. Beine bräunlichgelb, Schenkel aufs Rothgelbe ziehend, die Glieder an
den Enden heller gelb, ganz an der Spitze ein sehr feines
schwarzes Ringchen, namentlich an der Unterseite, Tarsen
schwärzlich verdunkelt. — Die Decke der weiblichen Genitalien etwas schmal, dick polsterförmig, am Hinterrande
ausgebuchtet. — Koch III. Fig. 202. Walcken. Ins.
apt. II. pag. 358.

Von diesem kleinen Spinnchen habe ich 6 Männchen
und 13 Weibchen theils im Winter in Moos aus Wundlack und aus der Umgend von Königsberg, theils im Sommer gefangen. Herr Walckenaer erklärt M. rurestris
Koch III. 231, 232 für identisch mit unserm M. fuscipalpus, und ich muss ihm beistimmen.

Micryphantes rufipalpus. Kaum ²/₈''' lang. Sehr selten.
Eine der kleinsten Spinnen. Der Kopf beim Männchen
vorne etwas aufwärts gedrückt, doch unbedeutend, beim
Weibe bloss gewölbt. Brustrücken ziemlich hoch. Hinterleib eiförmig. Vorder- und Hinterleib satt schwarz, glänzend. Beine und Taster roth; die Schenkel an der Spitze,
und die Kniee schwärzlich angelaufen; das Endglied der
Taster des Männchens braunschwarz, die Deckschuppe aufs
Röthliche ziehend. Männchen und Weibchen fast gleichgross. Koch III. Fig. 218, 219.

Von dieser Spinne hat Herr Menge bei Danzig ein
Männchen und ein Weibchen gefangen, mir ist sie noch
nicht vorgekommen.

Micryphantes crassipalpus. Weib 1 ½'''', Mann 1 ½'''' lang.
Selten. Vorderleib länglich oval, niedrig, die Schnittlinie
über Kopf und Thorax fast gerade, sanft gewölbt, an den
Seiten Kopf und Thorax durch eine deutliche Furche geschieden, der hintere Abhang sehr sanft geneigt; auf dem
Brustrücken ein breites flaches Grübchen, an den Seiten
Strahlenfurchen sanft eingedrückt. Die Vorderaugen auf
einem kleinen Quervorsprung; die vordern Mittelaugen um
Augenbreite von einander, die hintern weiter von einander,
die Seitenaugen nahe zusammen, schräg stehend; die vier
Vorderaugen fast in gerader, die hintern in nach hinten
gewölbter Linie. — Die Taster des Mannes kurz, das
zweite Glied wenig geschwungen, das dritte kurz, dick,
gebogen, oben gewölbt, darauf eine einzelne Borste, das
vierte so lang wie das dritte, dick kegelförmig, oben mit
längeren Haaren besetzt; Kolbenschuppe an der Basis breit,
der Kolben oval, sehr dick und höckerig, an der äussern
Seite an der Basis ein gewundener grosser Haken; Taster
des Weibes dünn. — Die Mandibeln des Männchens lang,
dünn, schmal, an der Spitze nach aussen geschwungen, an
der Furche der Fangkralle ein stärkerer scharfer Zahn;
die Mandibeln des Weibchens kurz, stark gewölbt, an der
Furche mehrere gleiche Zähnchen; bei beiden sind die
Mandibeln glatt, und nicht wie bei M. rubripes auf der
Vorderfläche mit Zähnen besetzt. Die Genitaliendecke des
Weibes kurz, gelbbräunlich, der Hinterrand gerade abgeschnitten, zu jeder Seite mit einer schwarzen Drüse. —
Vorderleib glänzend hornbraun, etwas durchscheinend, der
Kopf oben der Länge nach und Strahlenstriche auf dem
Brustrücken dunkelbraun, letztere von einem Mittelfleck
ausgehend, der mit der Verdunkelung auf dem Oberkopfe
zusammenhängt; am Rande eine feine braune Linie. Brust
breit und gewölbt, Mandibeln und Brust dunkelbraun, auf
der Brust bisweilen ein Mittelfleck heller. Beim Männchen
die Schenkel zimmetroth, beim Weibe rothgelb, die folgenden Glieder heller rothgelb; auf den Schenkeln Reihen
schwarzer Haarpuncte. Taster hell zimmetroth oder rothgelb, Kolbenschuppe bräunlich, Kolben schwarzbraun.
Hinterleib eiförmig gewölbt, vorn hoch, mit vorstehenden
kleinen Spinnwarzen und vier kleinen Rückengrübchen,

glänzend, fein behaart, schwarz mit etwas Metallschimmer, zuweilen mit dunkelbraunem Anstrich. — K o c h IV. Fig. 330, 331. Herr M e n g e hat davon 2 Exemplare bei Ohra bei Danzig gefangen, ich ein Männchen und 3 Weibchen im Bruche bei Liep unweit Königsbergs im Mai; sie ist also wohl selten.

Micryphantes phaeopus. Weib 1''', Mann ³/₄'''. Mann und Weib bis auf die Genitalien gleich: kurz, dick, massig und derb gebaut, dunkel rothbraun. Hinterleib breit und dick, von oben gesehen fast kreisförmig, niedergedrückt, von etwas fettigem Ansehen; die ganze Rückenfläche bildet eine länglichrunde, fast kreisförmige Platte, die grob eingestochen punctirt, grobnarbig erscheint, unbehaart, glänzend, dunkelrothbraun; die Seiten des Leibes um dieselbe herum bis zum Bauche hin von dichten Längsrunzeln rauh, schwarz, ohne Glanz, grau behaart. Bauch dunkelbraun, Lungenschildchen, Spinnwarzen und ein Fleck vor denselben rostroth. — Vorderleib dunkel rothbraun, glänzend, fein punctirt, breit oval, der Kopf dick, gewölbt, die höchste Stelle hinter den Augen, der hintere Abhang des Thorax sanft, an den Seiten seichte Strahlenfurchen, der Kopf an den Seiten deutlich durch eine Furche vom Thorax geschieden. — Die hintern Mittelaugen um etwas mehr als Augenbreite von einander, die vordern näher zusammen; die vordern Augen in einer geraden Linie, die Vorderfläche des Kopfes unter den Augen ziemlich hoch, senkrecht, abgerundet. Brust breit herzförmig, fein punctirt, glänzend, bräunlichroth, der Rand schwarz. Mandibeln und Maxillen braungelb, die letztern an der Spitze weiss. Taster und Beine braunroth, Kniee und Hüften gelb. Die Taster des Mannes kurz; das dritte Glied sehr kurz, cylindrisch, gebogen; das vierte kurz, breit kegelförmig, auf ihm oben nahe der Basis nach aussen ein kurzer breiter Stiel, an der Spitze ein kleines Zähnchen; die Kolbenschuppe breit oval, braungelb, behaart, der Kolben dick und braun. — Die weibliche Genitaliendecke braungelb, an der vordern Spitze ein kielartig erhöhtes Eckchen, Hinterrand einfach, sanft geschwungen. — K o c h XII. Fig. 1071, 1072.

In Moos aus Wundlack und aus Labiau fand ich im

März ein reifes Männchen und drei Weibchen. Sie ist also
selten.

Micryphantes cristatopalpus (mihi). Weib ³/₄''' lang,
Mann wenig kürzer. Vorderleib glatt, stark glänzend, heller
oder dunkler schwarzbraun, oft fast schwarz, mit schwarzen
Strahlenschatten und einer feinen schwarzen Randlinie auf
dem Thorax; Hinterleib schwarz. Der Vorderleib breit,
Thorax fast kreisrund, durch eine Schwingung des Randes
in den kurzen Kopf übergehend. Der Kopf wenig höher
als der Rücken, aber die Linie über den Scheitel macht an
der Grenze beider beim Männchen eine starke, beim Weibchen eine leichte Einbuchtung, der hintere Abfall des Thorax ziemlich steil, an den Seitenabhängen der Kopf deutlich
durch Furchen vom Thorax geschieden. Die vordern Augen
auf einem kleinen Quervorsprung, darunter die vordere
Kopffläche höher als bei M. fuscipalpus, sanft geneigt, fast
senkrecht. Die vordern Mittelaugen kleiner und näher beisammen als die hintern. Die hintere Augenreihe stark nach
vorne gekrümmt. Auf den Seitenabhängen des Thorax drei
kleine Grübchen. — Die Taster des Mannes kurz; das
zweite Glied sanft geschwungen, das dritte kaum zweimal
so lang als dick, etwas gebogen; das vierte kurz, breit
kegelförmig, am Ende fast napfförmig erweitert, auf der
Oberseite ein sehr in die Augen fallendes kammförmiges
Haarbüschel, die Haare vorwärtsstehend, der obere Rand
des Napfes in einen hakenförmigen Fortsatz verlängert.
Die Kolbenschuppe oval; der Kolben kurz oval und sehr
complicirt, von der Spitze geht auf der Unterseite ein langer etwas spiralig gewundener rückwärts stehender Stachel
aus, und an der Spitze befinden sich noch ein Paar kreisförmig gebogene Fortsätze und Stachel. Die Mandibeln
nicht stark gewölbt, fast kegelförmig, viel schwächer und
kürzer als bei M. fuscipalpus. Brust breit, gewölbt, schwarzbraun oder schwarz, glänzend; glatt. Beine und Taster
gelbbräunlich, heller oder dunkler, die Gelenke heller gelb.
Hinterleib oval, tief schwarz, glänzend, fein punctirt, leicht
behaart, Spinnwarzen und Lungenschildchen gelbbräunlich.
— Das Weib ist in Gestalt und Färbung dem Manne ganz
gleich. Die Taster bis zur Spitze gleichfarbig. Die Decke
der Genitalien etwas schmal, polsterförmig verdickt, am

Hinterrande stumpf dreieckig abgerundet, auf der Fläche glatt, an den Seiten etwas querrunzelig. Ich habe von diesem Spinnchen 19 Weibchen und 9 Männchen im März in Moos theils aus dem Angerburger Stadtwalde, theils aus Postnicken gefunden, sie scheint also nicht selten zu sein. Der obige Name soll an den Haarkamm auf dem vierten Tastergliede des Mannes erinnern.

Micryphantes rubripes. Weib 1²/₄′′′, Mann 1¹/₂′′′ lang. Der Vorderleib oval, Kopf wenig höher als Thorax, die Scheitellinie über Kopf und Brustrücken fast gerade, nach hinten sanft abfallend, auf dem Kopfe eine Reihe nach vorn gerichteter längerer Haare. Die Augen auf einer kleinen polsterartigen Anschwellung, die hintern Mittelaugen etwas weiter von einander als die vordern, die Vorderaugen treten etwas vor wie auf einer schwachen Querleiste. Der Rand des Thorax schwach aufgeworfen, am Kopfe gar nicht erhöht. Vorderleib braunroth, heller oder dunkler, glänzend, bisweilen verdunkelte Strahlenstreifen darauf schwach angedeutet. Brust breit, gewölbt, glänzend, dunkelrothbraun, mit sparsamen eingestochenen Puncten, in denen ziemlich lange nach innen geneigte Härchen. — Die Taster des Mannes 1¹/₂ mal so lang als die Vorderschenkel, das zweite Glied halb so lang als der Vorderschenkel, sanft gebogen, das dritte über halb so lang als das zweite, gebogen. umgekehrt schmal kegelförmig, an der Spitze unten mit einem kleinen Dorn, das vierte umgekehrt kegelförmig, auf der obern Seite in einen Fortsatz ausgezogen, der sich mit einem einwärts gebogenen Zähnchen endigt. Kolbenschuppe breit oval, stark behaart, der Kolben endigt sich in einen hornigen vorwärts vorragenden stumpfen Zahn. — Die Mandibeln oval, aufgeblasen, an der Basis nach vorne knieförmig aufgetrieben; auf der Vorderfläche am Aussenrande eine oder zwei Reihen kleiner Dornchen, und bei dem Männchen in ²/₃ der Länge auf der Vorderfläche ein starker Dorn, wofür bei dem Weibchen an dieser Stelle nur ein kaum bemerkbares Körnchen; die Furche für die Fangkralle mit starken Dornen besetzt. Die Maxillen am Aussenrande oben mit einem rückwärts nach aussen stehenden Dorn, und darunter einige Höckerchen. — Hinterleib oval, beim Weibchen höher gewölbt, blauschwarz mit zartem Purpur- oder rothem Kupferschimmer, die Haut fein punctirt, zart behaart; der Bauch ebenso, in der Mitte oft mit einem Stich ins Hornbraune. Auf dem Rücken des Hinterleibes mehr oder weniger deutlich sechs schwärzere etwas eingedrückte Puncte in zwei Reihen. — Schenkel zimmetroth, die übrigen Glieder rothgelb. — Die Genitaliendecke des Weibes bildet eine breite Platte, hinten abgerundet, am Hinterrande in der Mitte ein längliches Quergrübchen, zu jeder Seite desselben ein Höcker, und vor diesen eine kleine halbkreisförmige Fläche rauh punctirt und gefältelt. Koch IV. Fig. 328, 329.

Diese Spinne kommt sehr häufig auf Gesträuch und niedern Pflanzen überall vor. Reife Männchen findet man im Sommer, so wie im Winter in Moos u. s. w. Die Jungen haben Vorderleib, Taster und Beine olivengelb. Das Weibchen macht im Juli ihr Brutnest in einem zusammengefalteten Blatt, oft mit Clubiona amarantha zusammen, und setzt darin gewöhnlich' drei kleine runde flache weisse Cocons, die sie bewacht.

Micryphantes erythrocephalus. Weib 1½''', Mann 1¼''' lang. Vorderleib breit oval, schön rothgelb mit braunen Seitenkanten, glänzend, Augen schwarz. Kopf gewölbt, nicht viel höher als der Brustrücken, beim Männchen höher als beim Weibchen, dick und breit, die Scheidungsfalten vom Thorax tief eingedrückt; auf dem Thorax eine ziemlich grosse Mittelgrube, Strahlenfalten flach vertieft. Mandibeln stark, dick, wenig gewölbt. Brust breit, gewölbt, glänzend, dunkelrothgelb mit schwarzer Kantenlinie. Beine und Taster rothgelb. An den Tastern des Männchens das zweite Glied verhältnissmässig lang, die zwei folgenden kurz, das vierte unten mit einem kleinen Eckchen; Kolbenschuppe schmal, behaart, biegt sich über die Genitalien, an denen unten ein einwärts gebogenes spitzes Häkchen. — Hinterleib oval, hoch gewölbt, dick, glänzend, oben und unten schwarz mit Purpurschimmer. Die Genitaliendecke des Weibchens verlängert sich in ein rückwärts stehendes Zähnchen, ungefähr so lang als dick, oben mit einer Kerbe. Koch VIII. Fig. 667, 668.

Herr Menge hat davon 6 Exemplare bei Münde bei

Danzig gefangen, mir ist sie nicht vorgekommen. Sie
scheint selten zu sein.

Micryphantes laminatus. Weib 1''' lang. Vorderleib
oval, bräunlichgelb, glänzend, die Kanten fein bräunlich.
Der Kopf mit dem Brustrücken gleich hoch, am hintern
Abhang des Thorax ein tiefes längliches Grübchen. Die
Augen vorstehend, ziemlich gross, jedes in einem schwarzen Fleckchen. Brust breit, glänzend, dunkelbräunlich
oder schwarz. Mandibeln wenig gewölbt, glänzend, bräunlich gelb. Taster des Weibchens bräunlich gelb, die zwei
Endglieder mit braunem Anstrich, auf den drei Endglie-
dern ungewöhnlich lange aufrechtstehende Stachelborsten.
— Hinterleib oval, vorne hoch, matt glänzend, behaart,
dunkelbraun mit olivenfarbigem Anstriche, bei ältern
Exemplaren heller. Die Genitaliendecke des Weibchens
rostroth; vom Hinterrande geht in der Mitte ein breiter,
dicker, gewölbter, vom Leibe abstehender Fortsatz aus, an
dessen stumpfer Spitze jederseits ein rundes kleines Grübchen. Die Hüften und Schenkel der Beine bräunlichgelb,
alle folgenden Glieder olivenfarbig angelaufen. Koch XII.
Fig. 1070.

Die Spinne ist selten. Herr Menge hat davon 2
Exemplare bei Jeschkenthal gefangen. Ich besitze nur drei
Weibchen, aber kein Männchen. Auch Koch hat das
Männchen nicht gekannt.

Micryphantes ovatus. Weib ³/₄''', Mann wenig kleiner.
Vorderleib oval, hoch, nach hinten stark abgedacht, Kopf
nicht höher als Brustrücken, die Scheidungsfalte kaum bemerkbar, der Rücken fast kielartig, nach beiden Seiten abgedacht, eine Rückengrube fehlt, die Stirne unter den
Augen senkrecht abfallend. Die Augen auf dem vordern
Kopfrande; die vordern Mittelaugen sehr nahe beisammen,
die hintern grösser, weiter auseinander und weit von jenen
entfernt auf der Höhe des Kopfes; die Seitenaugen wenig
höher als die vordern Mittelaugen, die vordern grösser als
die hintern; alle Augen wenig vorstehend. Unter jedem
der hintern Mittelaugen zur Seite eine nach hinten verlän-
gerte kleine Längsfurche, beim Weibchen schwächer als
beim Manne. — Der Vorderleib bräunlichgelb, heller oder
dunkler, von strohgelb bis gelbbraun; eine feine Rand-

linie braun, Strahlenstreifen auf dem Thorax braun verdunkelt, oft verwischt. Jedes Auge in einem schwarzen
Fleckchen. Die Beine röthlichgelb, die Spitzen der Schenkel, Schienbeine und Kniee blassgelb. Brust breit, gewölbt, glatt, glänzend, dunkler als der Brustrücken. Hinterleib oval, nicht hoch, schwarz, variirt bis gelblichgrau.
Spinnwarzen gelblich. Das Weibchen meistens heller gefärbt als das Männchen. — Die Taster des Männchens
kurz; das dritte Glied etwa zweimal so lang als dick; das
vierte etwa eben so lang, breit kegelförmig fast schüsselförmig, am Vorderrande oben ein kurzer, stumpfer, vor-
stehender, sehr in die Augen fallender Dornfortsatz, daneben nach innen ein zweiter etwas längerer ähnlicher
Fortsatz, aber anliegend und daher weniger bemerklich;
auch am untern Rande ein kurzer hakenförmig gekrümmter Fortsatz; die Genitalien kurz, dick, höckerig. — Auf
der Genitaliendecke des Weibchens vor dem Hinterrande
ein hufeisenförmiger schwarzbrauner Wulst um eine rundliche Grube, bisweilen vorn fast geschlossen und dann
kreisförmig, bisweilen hinten und vorne unterbrochen, so
dass zwei seitliche Erhöhungen bleiben; der Hinterrand
sanft abgerundet. — Koch VIII. Fig. 665, 666.

Dies kleine niedliche Spinnchen habe ich im Sommer
nicht oft gefangen, aber es kann nicht selten sein, denn in
Moos aus Wundlack und aus Labiau habe ich im März 24
Männchen und 38 Weibchen im reifen Zustande gefunden.

Micryphantes aequalis. Weib 1''', Mann ⅛''' lang.
Dies Spinnchen ist M. ovatus sehr ähnlich. Der Kopf ist
breiter, die Stirn breiter und niedriger als bei diesem.
Die Scheitellinie über Kopf und Brustrücken zeigt an der
Grenze beider eine schwache Einbiegung, der hintere Abhang des Thorax ist nicht so steil und hat ein Grübchen.
Die hintern Mittelaugen sind nicht so weit von den vordern
entfernt als bei M. ovatus; die vordern stehen in rundlichen,
die hintern in länglichen schwarzen Fleckchen, wodurch
die vordern grösser erscheinen; unter den hintern Mittelaugen ist nicht eine Längsfurche wie bei M. ovatus. Vorderleib, Mandibeln, Taster und Beine mennigroth, zuweilen mehr gelb, Brust ebenso, aber meistens dunkler und
unreiner, der Rand des Thorax und der Brust bisweilen

schmal linienartig schwach verdunkelt, der Vorderleib
glänzend, sehr fein punctirt. Der Hinterleib oval, schwarz,
bisweilen pechbraun oder noch heller, die Spinnwarzen
bräunlichgelb. — Die männlichen Taster kurz; das vierte
Glied kurz, cylindrisch, fast oval, ohne Fortsätze oder Dornen an der Spitze; die Kolbenschuppe klein und schmal,
die Genitalien dick, mit mehren Haken und Fortsätzen;
bei beiden Geschlechtern auf dem dritten und vierten
Tastergliede eine auffallende starke aufrechtstehende Borste.
—· Die Genitaliendecke des Weibes sehr charakteristisch :
auf derselben befindet sich hinten ein herzförmiger rostrother, schwielig aufgetriebener Fleck, am Hinterrande mit
einer rundlichen Grube, aus der ein gelber geringelter linearer kleiner Stiel mit braunem Endknöpfchen hervorragt,
und zu jeder Seite der Grube ist der Rand zu einem dunkleren Hügelchen erhöht; bei jungen Weibchen fehlt noch der
Stiel oder ist noch sehr kurz. Koch VIII. Fig. 669, 670.

Das Spinnchen scheint selten zu sein; ich habe ein
reifes Männchen und Weibchen im Winter in Moos aus
Zimmerbude bei Fischhausen, und ein Männchen nebst
drei Weibchen in Moos aus Labiau gefunden. Herr Menge
hat 7 Exemplare bei Münde gefangen.

Micryphantes grandimanus (mihi). Weib 1 ¼′′′, Mann 1′′′
lang. Vorderleib braungelb, dunkle Strahlenstriche und
eine feine Randlinie bräunlich, dunkler oder heller: Hinterleib oval, gewölbt, schwärzlich olivenfarbig, bisweilen
hellere Netzlinien und auf dem Rücken weissliche Bogenstreifchen schwach angedeutet. Der Kopf des Männchens
ziemlich hoch, die Scheitellinie geht nur durch eine leichte
Einbuchtung vom Kopf zum Thorax über, dessen hinterer
Abhang sehr sanft, mit einem breiten länglichen Grübchen.
Die hintern Mittelaugen um weniger als Augenbreite von
einander, die vordern noch näher beisammen und kleiner,
die Seitenaugen nahe bei den mittleren und schräge gestellt; die hintere Augenreihe fast gerade, die vordern
Augen auf einem kleinen Quervorsprung und in einer nach
hinten gekrümmten Linie. Die vordere Kopffläche unter
den Augen ziemlich hoch, fast senkrecht. Die Beine dünn
und auffallend lang. — Die Taster des Männchens reichen
nur bis etwa ¾ der Vorderschenkel; das zweite Glied

dünn, cylindrisch, sanft geschwungen; das dritte dünn,
kaum länger als dick, gebogen; das vierte so lang als das
dritte, dick, fast halbkugelig oder nierenförmig, auf ihm
zwei sehr lange nach vorn gebogene Borsten neben einander.
Der Tasterkolben ist sehr lang, länger als das zweite und
dritte Glied zusammen, sehr complicirt; die Deckschuppe
so lang als der Kolben, schmal, am Grunde breiter, am
Aussenrande mit zwei Ausschnitten und nach aussen daneben ein krummer brauner Haken halb so lang als der
Kolben; unten ein kielförmiges Blatt, gelblich mit schwarzem Längsstreifen, an der Basis rückwärts und nach unten
bauschig gewölbt, dann vorwärts bis zum Ende des Kolbens
gerichtet und hier spiralig gewunden; neben diesem an der
Innenseite ein etwas kürzerer gerader gelber Stiel, an der
Basis erweitert; ausserdem noch ein ähnlicher kürzerer
Stiel und mehre auffallend gebildete Häkchen und blass-
rothe Knötchen. — Die Mandibeln lang, dünn, sanft auswärts geschwungen. Brust breit, gelbbraun, schwärzlich
verdunkelt. Beine und Taster bräunlichgelb, heller als der
Vorderleib, die Spitzen der Schenkel und Schienbeine heller gelb. Spinnwarzen gelblichweiss. — Das Weibchen ist
dem Männchen in Gestalt und Färbung gleich, meistens
etwas heller, nicht ganz so hoch und der Hinterleib breiter
und stärker gewölbt. Die Genitaliendecke des Weibes am
Hinterrande eckig aufgeworfen; von der Mitte der Fläche
geht nach hinten ein langer dünner Stiel aus, der von der
Basis in einem Bogen herabsteigt, dann nach hinten gerichtet bis hinter die Hälfte des Hinterleibes reicht, und an
der Spitze wieder abwärts gekrümmt ist; bei dreien meiner
Exemplare ist der Stiel weiss, bei einem die hintere Hälfte
braun. Die beiden Endglieder der weiblichen Taster
schwärzlich verdunkelt.

Von dieser ausgezeichneten Spinne habe ich vier
Männchen und vier Weibchen in Moos aus Zimmerbude
bei Fischhausen gefunden. Wegen der grossen, fast hand-
förmigen Kolben des Männchens habe ich ihr obigen Namen
gegeben. Sie nähert sich dem M. Chelifer und longipalpus
Walcken., am meisten der Linyphia concolor (Wider Mus.
Senckenb. Taf. XVIII. Fig. 3), ist aber doch nicht identisch mit ihnen.

Micryphantes ruficephalus (mihi). Weib $1\frac{1}{4}'''$, Mann
$1'''$ lang. Vorderleib länglich oval, der Rand des Thorax
fast unmerklich in den Kopf übergehend, dunkel rothbraun,
glatt, glänzend; Hinterleib oval, hoch gewölbt, vorne
ziemlich weit vorragend, schwarz, beim Weib dunkel
olivenfarbig; Beine rothgelb, die Schenkel mehr ins Rothe
ziehend. — Kopf und Thorax gleich hoch, die Scheitellinie über beide sanft gewölbt, der hintere Abhang mässig
steil. Kopf etwas dick, oben gewölbt, an den Seiten und
vorn steil abfallend, durch eine seichte Furche an den
Seiten vom Thorax geschieden; am Thorax an den Seiten
seichte Strahlenfurchen, unten in flache Grübchen endigend.
Die vordern Mittelaugen um Augenbreite, die hintern etwas
weiter von einander, das dadurch gebildete Trapez höher
als breit; die beiden Augenreihen gegen einander gebogen.
Die vordere Kopffläche unter den Augen wenig eingezogen,
dann ziemlich hoch sanft gewölbt abfallend. Brust länglich
herzförmig, gewölbt, fein punctirt, glänzend dunkelbraun.
Mandibeln ziemlich lang, wenig gewölbt, an der Spitze
sanft auswärts geschwungen, rothbraun. Die Beine, namentlich die Schienbeine, mit starken Borsten besetzt, von
denen sich eine auf der Spitze der Kniee, und zwei oben
auf den Schienbeinen auszeichnen. Der Bauch schwarz,
kupferartig schillernd, Spinnwarzen dunkel hornbraun. —
Die Taster des Männchens kurz, kaum bis zum Ende der
Vorderschenkel reichend; das zweite Glied cylindrisch,
sanft geschwungen : das dritte wenig länger als dick, gebogen, oben etwas gewölbt; das vierte ebenso lang, dick
kegelförmig am Ende ohne Fortsätze, abgerundet, oben
mit Haaren besetzt, von denen mehre längere seitwärts
nach vorn übergebogen sich auszeichnen; diese ersten vier
Glieder rothgelb. Die Kolbenschuppe oval, am Aussenrande ausgezackt, rothbraun, behaart; seitwärts nach aussen
von ihr ein langer, erst rückwärts, dann vorwärts etwas
eckig gebogener Haken; ausserdem die Genitalien dick
und knotig. — Die Taster des Weibchens dünn, das letzte
Glied nadelförmig zugespitzt, stark mit Borsten besetzt,
rothgelb. Die Genitaliendecke des Weibes am Hinterrande
abgerundet, in der Mitte desselben ein kurzer zungenför-
miger gelblicher Fortsatz.

Von dieser Spinne habe ich ein reifes Männchen und
Weibchen in Moos aus Zimmerbude im Winter gefunden,
und nach der Farbe des Vorderleibes benannt, weil keine
mir bekannte Beschreibung von Spinnen auf sie passt.
Micryphantes isabellinus. Weib 1⅚‴, Mann 1½‴
lang. Vorderleib, Brust, Beine, Mandibeln, Taster etwas
durchscheinend blass ockergelb, am Thorax eine feine
schwarze Kantenlinie; Hinterleib rostgelb, ziemlich dicht
rostroth gefleckt, die Flecken in den Seiten in schiefe
Querreihen geordnet, beim Männchen der Hinterleib bisweilen einfarbig, mit zusammengeflossenen Flecken. —
Kopf kurz, etwas höher als der Brustrücken, beim Männchen höher als beim Weibchen und etwas nach vorwärts
gedrückt, Kopf und Thorax sehr glänzend. Die Augen in
regelmässiger Stellung, nahe beisammen. Der Thorax mit
gerundeten Seitenkanten, in den Kopfrand durch eine
seichte Schwingung übergehend, der Rücken vom Hinter-
kopfe an gegen den Hinterrand stark abfallend, und mit
einem seichten Grübchen auf der Abdachung; dem Rande
gleichlaufend eine rundum ziehende feine Furche. Mandibeln etwas lang, wenig gewölbt, etwas dick und geschwungen, sehr glänzend. Brust sehr breit, herzförmig, gewölbt,
glänzend. Hinterleib hoch gewölbt, kurz eiförmig, glänzend, fein behaart. Spinnwarzen bräunlichgelb. Die weibliche Genitaliendecke in der Mitte mit einem geraden zun-
genförmigen Fortsatz am Hinterrande. — Bei den männlichen Tastern das dritte Glied sehr dick, einwärts mit einer
starken Ecke, fast dreieckig, oben sehr zierlich mit schwarzen rauhen Pünctchen besetzt; das vierte sehr kurz, kaum
zu unterscheiden, mit einigen vorwärts gebogenen Zähnchen. Die zwei Endglieder der Taster ziehen aufs Braune.
Koch VIII. Fig. 676—678.

Herr Menge hat diese Spinne ziemlich häufig um
Heubude und Münde bei Danzig gefangen; mir ist sie
selten vorgekommen. Im Juli habe ich reife Exemplare gefangen.

11. Gattung Ero.

Ero atomaria. Weib 1½′″, Mann 1¼′″ lang. Vorderleib breit oval, fast kreisrund, in der Mitte buckelförmig erhöht, Kopf kurz. Hinterleib hoch gewölbt, auf der Höhe des Rückens nebeneinander zwei breit kegelförmige Höckerchen. Vorderleib blass ockergelb, am Rande ein breiter an der Innenseite gezackter Streif, hinter den Seitenaugen ein dreieckiger Fleck, und eine Mittellinie, in der Mitte zu einem Dreieck oder Dreizack erweitert, schwarz oder braun. — Hinterleib graugelb, mit weissen Schuppenfleckchen bespritzt; die Rückenhöcker vorne braun, hinten gelblich weiss; der Theil vor den Rückenhöckern und die Seiten braunfleckig verdunkelt, hinter den Höckern braune Querfleckchen. Brust gelb, am Hinterrande ein, und an den Seitenrändern je drei nach vorne und innen gerichtete braune zungenförmige Flecken. Beine gelblich, an den Schenkeln und Schienbeinen drei, an den Fersen zwei Ringe und die Wurzel des Kniegliedes braun. Selten. — Koch XII. Fig. 1033.

Diese Spinne, von der Herr Menge bei Danzig 11 Weibchen gefunden, ist mir noch nicht vorgekommen. Meine Exemplare verdanke ich dem Herrn Prof. Förster in Aachen. Bei diesen kann ich nur zwei Höcker auf der Höhe des Hinterleibes sehen, und bei aller Mühe hinter denselben kein zweites Paar kleiner Höcker entdecken, welches sich nach Koch auf der hintern Abdachung befinden soll. Uebrigens stimmen diese Exemplare vollkommen mit der Koch schen Beschreibung überein.

Nachtrag zur Gattung Linyphia.

Linyphia albomaculata (mihi). Weib 2′″ lang. Vorderleib länglich oval, Kopf wenig schmäler als der Thorax. Hinterleib sehr hoch gewölbt, von den Seiten sanft zusammengedrückt. Beine sehr schlank. Vorderleib blass gelblich-grünlich; jederseits zieht von den Seitenaugen beginnend, hoch über dem Seitenrande, ein schwarzer ziemlich breiter, am Innenrande schwach gebuchteter Längsstreif im

Bogen bis zum hintern Ende. — Hinterleib rothbraun,
matt schimmernd, mit weissen Punctfleckchen besetzt, und
auf der hintern Abdachung noch schwarze Punctfleckchen.
Die weissen Fleckchen, von verschiedener Grösse, lassen
sich auf jeder Seite in drei Bogenreihen ordnen, welche der
Bogenlinie über den hochgewölbten Rücken ziemlich con-
centrisch laufen, und im hintern Theile aus einzelnen, im
vordern Theile aus mehreren unregelmässig nebeneinander
stehenden Fleckchen bestehen; ausserdem stehen auf der
hintern Abdachung noch einige weisse Fleckchen. Auf
der hintern Abdachung laufen nahe der Mittellinie zwei
Reihen schwarzer Puncte herunter, und an jeder Seite
unten sind noch drei geschwungene schwarze Fleckchen.
Der Bauch ist schwarzbraun, und darauf hinter den weiblichen Genitalien ein Paar grössere, im hintern Theile
aber jederseits je drei kleinere weisse Puncte. Lungenschildchen gelb. Die weiblichen Genitalien braunschwarz,
vorstehend; vom vordern Rande geht ein dünner Fortsatz
im Bogen gekrümmt nach hinten, am Hinterrande ein ab-
wärtsstehender Stiel. Mandibeln roth durchscheinend,
Fangkralle roth. Taster graulich-gelblich, das Endglied
roth, mit abstehenden schwarzen Borsten besetzt. Maxillen
gelblich, röthlich schimmernd. Brust und Unterlippe
schwarz, matt glänzend. Beine blass graugrünlich, die Endglieder röthlich durchscheinend, mit einzelnen abstehenden
schwarzen Borsten, die äusserste Spitze der Glieder schwarz.
Spinnwarzen graugelblich, an der Spitze schwarz.

Von dieser hübschen Spinne fing ich ein reifes Weibchen am 31. Juli 1866 auf Gebüsch am Landgraben bei
Königsberg. Das Männchen ist mir unbekannt.

III. Familie Agelenides, Trichterspinnen.

Uebersicht der Gattungen.

1. Gattung **Tegenaria**. Die vier Vorderaugen fast in
einer geraden Linie, sehr nahe bei einander, sich fast
berührend, die der hintern Reihe weiter von einander, stehen in einer hinten convexen Bogenlinie, die

Augen gleich gross (Fig. 16). Das Endglied der
obern Spinnwarzen so lang als das vorhergehende.
Das vierte Glied der männlichen Taster cylindrisch,
fast anderthalb mal so lang als das dritte. Weibliche
Tasterkralle vielzähnig, Afterkralle der Füsse vierzähnig.

2. Gattung **Textrix**. Beide Augenreihen bilden sanft
gebogene vorne convexe Linien, die vordern nahe
bei einander, die hintern grösser als die vordern und
weiter aus einander (Fig. 17). Das Endglied der
obern Spinnwarzen länger als das vorhergehende.
Das vierte Glied der männlichen Taster so lang als
das dritte, beide kurz.

3. Gattung **Agelena**. Beide Augenreihen bilden stark
gebogene hinten convexe Linien, die hintere stärker
gekrümmt als die vordere. Die vordern Mittelaugen
um Augenbreite auseinander, die Seitenaugen von
jenen etwas weniger entfernt; die Seitenaugen auf
Hügelchen (Fig. 18). Das Endglied der obern
Spinnwarzen fast doppelt so lang als das vorhergehende, aufgerichtet. Das vierte Glied der männlichen Taster kurz, dick, nicht länger als das dritte.
Weibliche Tasterkralle vielzähnig, Afterkralle vierzähnig.

4. Gattung **Hahnia**. Sehr kleine Spinnchen. Die vordern Augen fast in gerader Linie, ziemlich nahe beisammen, die der hintern Reihe in gebogener nach
hinten convexer Linie, alle fast gleich gross (Fig. 19).
Die Spinnwarzen stehen fast in einer Reihe nebeneinander auseinandergesperrt; das Endglied der
obern Spinnwarzen gleich lang mit dem vorher-
gehenden. Das dritte und vierte Glied der männlichen Taster kurz, gleich lang. Tasterkralle des Weibes ungezahnt, nur bei H. sylvicola vierzähnig;
Afterkralle drei- bis vierzähnig. — Hahnia sylvicola
hat fast gleich lange Spinnwarzen, und bildet dadurch, so wie durch die gezahnte Tasterkralle den
Uebergang zu Amaurobius unter den Drassides.

6 *

1. Gattung Tegeneria.

Tegeneria civilis. Weib $4-4\frac{1}{2}'''$, Mann $3\frac{1}{2}-3\frac{3}{4}'''$
lang. Vorderleib mattglänzend, fein behaart, röthlich horn-
braun oder rothbraun; die Kanten und zwei breite Streifen
von den Seitenaugen nach hinten ziehend, am Hinterkopf
etwas einwärts gebogen, dunkel schwarzbraun. Hinterleib
oval, etwas zottig behaart, röthlichgrau oder graugelblich
mit rauchigem Anstrich, mit schwarzbraunen vielgestaltigen
Flecken besetzt, die auf dem Rücken ungefähr drei Längsreihen, in den Seiten Schiefreihen bilden; Bauch heller,
schwärzlich gefleckt. Brust röthlich hell hornbraun, am
Rande braune Ringflecken. Beine und Taster graugelblich;
Schenkel mit vier, Schienbeine mit drei, Fersen meistens
mit zwei schwärzlichen Ringen, bisweilen undeutlich. —
Sehr häufig, in Gebäuden an dunkeln Orten, wo sie ihr
Gewebe in den Ecken ausspannt. Im Juni oder Mai reif.
Koch VIII. Fig. 618, 619.

Tegeneria domestica. Weib $8-9'''$, Mann $5'''$ lang.
Vorderleib ockergelb; zwei Längsstreifen auf dem Kopfe,
Strahlenstreifen auf dem Thorax, am Rande des Thorax
jederseits drei halbmondförmige Flecken und die Ränder
des Kopfes braun. Hinterleib ockergelb und braun gemischt; auf dem Rücken ein Längsstreif roströthlich oder
braungelblich, jederseits davon eine Reihe gelber Flecken,
vorne gross, nach hinten kleiner und schief einwärts nach
vorne in ein hellgelbes Strichchen ausspiessend; Seiten
ockergelb, mit dichtgedrängten dunkelbraunen Schiefstrichen; Bauch braun gefleckt. Beine ockergelb, mit schwarzen zackigen Ringen. — Häufig in Gebäuden. Im Juni
schon reif. Koch VIII. Fig. 607, 608.

Tegeneria campestris. Weib $3-4'''$, Mann $3-3\frac{1}{4}'''$
lang. Vorderleib bräunlich-ockergelb, zwei zackige Seitenstreifen, die Kanteneinfassung und ein Mittelstrich auf dem
Kopf schwarz. Hinterleib bräunlichgelb, schwarz fein ge-
strichelt; auf dem Rücken ein ziemlich gleichbreiter Mittelstreif rostroth, jederseits davon ein Längsstreif schwarz,
und auf diesem eine Längsreihe gelblich weisser, schief
nach innen gestielter Fleckchen; Bauch trüb ockergelblich,

schwarz gepunctelt. Beine ockergelb, schwarzbraun geringelt. K o c h VIII. Fig. 615, 616. — Herr Oberlehrer M e n g e in Danzig fand mehrere Weibchen dieser Spinne am Redlauer Strande und in der Tropfstein-Sandhöhle bei Mechau. Sie hatten in den Uferlöchern am Strande tiefe zwischen Baumwurzeln horizontal auslaufende Röhren, die sich vorn in eine ausgebreitete Fangdecke erweiterten. Nach K o c h bewohnt sie alte Feldmauern, schollige Feldraine und Steinhaufen. — Ich habe sie noch nicht gefunden.

2. Gattung Textrix.

Textrix lycosina. Weib 3½''', Mann 2¾''' lang. Der Vorderleib länglich und schmal, ganz schwarz, auf dem Rücken ein gleich breiter Längsstreif von den Augen bis zur hintern Abdachung gelblichweiss, aus aufliegenden Haarschuppen bestehend. Hinterleib länglich eiförmig, schwarz : auf dem Rücken ein breites, vorn erweitertes, hinten zackenrandiges Längsband weiss, mit etwas röthlichem Anflug; in diesem zwei Reihen paarweise liegender Flecken schwarz. Beine bräunlichgelb, die Schenkel unten mit schwarzen Flecken, die folgenden Glieder mit schwarzen Ringen. Im Juni reif. — Herr Oberlehrer M e n g e in Danzig hat sie bei Redlau, Oliva, Mechau in Röhren unter Steinen oder Baumwurzeln sparsam gefunden. Ich habe sie noch nicht gefangen.

3. Gattung Agelena.

Agelena labyrinthica. Weib bis 10''', Mann 6''' lang. Vorderleib graugelb mit zwei schwarzbraunen Längsstreifen, die nach den Seitenaugen spitz zulaufen. Hinterleib lang oval, grau mit Schwarz gemischt; ein breiter Mittelstreif grauröthlich und über den Spinnwarzen in einen orangefarbenen Fleck endigend; jederseits davon ein schwarzer Längsstreif, und in diesen Streifen fünf bis sechs Paare weisser Puncte, die sich zu geschwundenen Strichen nach innen und vorn gerichtet bis in den Mittelstreif erweitern. Hüften und Schenkel gelb, die übrigen Glieder

der Beine rothgelb, an der Spitze rothbraun, sonst ungefleckt. H a h n II. Fig. 150, 151. Häufig.

Die Labyrinth - Spinne lebt an sonnigen Orten auf
Wiesen, zwischen niedrigem Gebüsch, besonders in Brü-
chen, auch in Strauchzäunen u. dergl. Sie baut ein grosses
trichterförmiges Netz, welches nach unten in, eine dichte
Röhre ausgeht, die in den Boden, Moos u. s. w. erst abwärts steigt, dann sich wieder aufwärts krümmt und offen
endigt. Der Rand ist gross und weit, und durch Fäden,
die oft mehre Fuss lang an die umstehenden Gräser und
Sträucher geheftet sind, ausgespannt. Die Spinne sitzt in
der Krümmung der Röhre und lauert auf Beute. Sie legt
etwa 60 grosse Eier, die sie in einem Schlauche in der
Nähe des Netzes aufhängt. Die Eier werden im Juli und
August gelegt und die Jungen kommen im nächsten Frühjahr aus. Im Juli habe ich oft Männchen und Weibchen
beisammen in demselben Netze gesehen. In und um Rauschen sehr häufig.

4. Gattung Hahnia.

Hahnia pusilla. Weib ³/₄′′′, Mann ¹/₂′′′ lang. Vorderleib gelbbräunlich, Kopf dunkler, Seiten des Thorax verloren dunkler. Hinterleib oval, staubig braunschwarz oder
olivengelb, durch Härchen grauweisslich schimmernd; auf
dem hintern Theile des Rückens hinter einander liegende
Bogenstrichchen weisslich; auf dem Bauche weissliche
Flecken. Beine gelbbräunlich, die Glieder an der Wurzel
und Spitze heller. Die Spinnwarzen fast in einer horizon-
talen Linie, weit auseinanderstehend in zwei Parthien, die
äussern sehr lang. — Diese kleine Spinne lebt nicht selten
im Moose sumpfiger Waldstellen, ist lebhaft, läuft sehr
schnell, hält sich aber gern verborgen. Im April und Mai
trifft man reife Männchen. K o c h VIII. Fig. 637, 603.

Hahnia pratensis. Weib 1¹/₂′′′, Mann 1′′′ lang. Vorderleib trüb mennigroth, um die Augen ein bräunlicher
Fleck. Hinterleib schwarz, weisslich schimmernd behaart;
hinten auf dem Rücken schief gegen einander liegende
gelbliche Fleckchen, eine undeutliche Längsreihe vorstellend. Beine gelbroth, Kniee und Tarsen mit bräunlichem

Anstrich. Spinnwarzen wie bei H. pusilla. Selten. Man findet sie im Moose sumpfiger Wiesen. Herr Oberlehrer Menge hat bei Jeschkenthal und Heubude vier Exemplare im Moose gefunden. Mir ist sie noch nicht vorgekommen. Koch VIII. Fig. 639.

Hahnia sylvicola. Weib 1½''', Mann 1⅛''' lang. Vorderleib bräunlichgelb, zuweilen aufs Röthliche ziehend, Kopf an den Seiten verdunkelt, eine feine Kantenlinie und auf dem Thorax jederseits drei keilförmige Strahlenstreifchen braun. Hinterleib staubig braunschwarz; auf dem Rücken ein nach hinten verschmälerter, an den Seiten gezackter Längsstreif weiss, röthlich durchscheinend, und in ihm vorne ein spiessförmiger Längsfleck schwarz, nicht ganz bis zur Hälfte reichend. Die Spinnwarzen fast gleich lang. Beine röthlichgelb, an den Schenkeln unten drei Flecken, an den Schienbeinen und Fersen zwei Ringe schwarzbraun. Bei manchen Exemplaren, besonders Männchen löst sich das Zackenband auf dem Rücken des Hinterleibes hinten in Bogenfleckchen auf. — Den ganzen Winter hindurch findet man das Spinnchen in reifem Zustande häufig im Moose am Fusse der Bäume im Walde, später spärlich. — Koch XII. Fig. 1076, 1077.

IV. Familie Drassides, Sackspinnen.

Uebersicht der Gattungen.

A. Die Afterkralle der Füsse mit 1—3 schlanken Zähnen besetzt; weibliche Tasterkralle mehrzähnig. Vorderleib oval, Kopf hoch gewölbt, deutlich vom Thorax geschieden. Maxillen dick, fast linear, gegen das Ende etwas breiter, sanft gegen die Lippe geneigt; Lippe lang, fast linear, an der Spitze abgerundet.

1. Gattung **Argyroneta.** Sie lebt im Wasser. Kopf schmal. Augen nahe beisammen; die der Vorderreihe in einem nach vorne schwach convexen Bogen, um weniger als Augenbreite von einander, die der hintern Reihe in einem nach hinten stark convexen

Bogen, um wenig mehr als Augenbreite von einander; die Mittelaugen auf einer polsterartigen
niedrigen Erhöhung, die Seitenaugen auf einem
schiefstehenden Hügelchen (Fig. 20). An den
männlichen Tastern das dritte und vierte Glied
cylindrisch, über doppelt so lang als dick; Kolben
klein, die Deckschuppe schmal, lang, mit der verschmälerten Spitze weit über den Kolben hinaus-
reichend.

2. Gattung **Amaurobius.** Kopf breit und dick. Die
Augen weit von einander; die der Vorderreihe fast
in gerader Linie, um doppelte Augenbreite von
einander, die der hintern Reihe in nach hinten
convexem Bogen, noch weiter von einander; die
Mittelaugen auf keiner Erhöhung, die Seitenaugen
auf einem Hügelchen; die hintern Mittelaugen weiter von einander als die vorderen (Fig. 21). Das
dritte und vierte Glied der männlichen Taster kurz,
dick; der Kolben gross und dick, die Deckschuppe
breit, reicht wenig über den Kolben hinaus.

B. Die Afterkralle der Füsse fehlt ganz. Kopf undeutlich vom Thorax geschieden, nicht hoch gewölbt.
Unterlippe lang, fast linear (nur bei Macaria kurz und
breit.)

a. Weibliche Tasterkralle ziemlich stark, mit 3 — 6
Zähnen. Vorderleib oval, vorn stark verschmälert.
Hinterleib ziemlich breit, meistens etwas niedergedrückt und hinten etwas stumpf endigend. Die untern Spinnwarzen deutlich länger und stärker als die
oberen. Die Maxillen in der Fläche gedreht geschwungen, bogenförmig nach innen gekrümmt, auf
die Lippe geneigt, am Ende verbreitert, die Spitze
abgerundet. Die hintern Mittelaugen flach, mehr
oder weniger hell glasglänzend.

3. Gattung **Drassus.** Die Augen der Vorderreihe
fast in gerader Linie, um weniger als Augenbreite
von einander, die mittlern grösser als die andern —
die der hintern Reihe in einem nach hinten convexen Bogen, weiter von einander; die hintern
Mittelaugen oval, schief stehend, näher beisammen

als die vordern (Fig. 22). Die weibliche Tasterkralle mit 3—5 Zähnen.

4. Gattung **Melanophora.** Kopf sehr schmal. Die
Augen bilden zwei nach hinten schwach convexe
parallele Bogen, beide fast gleich lang, die Augen
nahe beisammen, die äussern der Vorderreihe etwas
grösser als die andern; die hintern Mittelaugen
sehr flach, die vordern auf einer kleinen Erhöhung,
jene etwas weiter von einander als diese (Fig. 23).
Weibliche Tasterkralle mit 3 Zähnen. Spinnen mit
einfarbig schwarzem Körper.

5. Gattung **Pythonissa.** Kopf breiter als bei Melanophora. Augen nahe bei einander; die der vordern
Reihe bilden eine nach hinten, die der hintern
Reihe eine nach vorn etwas convexe Linie, daher
die Seitenaugen weiter von einander als die mittleren beider Reihen; die hintere Reihe länger als die
vordere, die vordern Seitenaugen etwas grösser als
die andern; die hintern Mittelaugen flach, meistens
weiter von einander als die vordern (Fig. 24), bei
P. lucifuga und occulta näher als die vordern.
Weibliche Tasterkralle mit 3 Zähnen.

b. Weibliche Tasterkralle sehr klein, ungezahnt, oder
höchstens (bei Anyphaena) mit einem sehr kleinen
Zähnchen. Vorder- und Hinterleib meistens lang
oval oder fast walzenförmig. Die Spinnwarzen gleich
lang, fast die obern ein klein wenig länger als die
untern. Maxillen gerade, in der Fläche nicht geschwungen.

6. Gattung **Clubiona.** Maxillen in der Mitte stark zu-
sammengezogen, am Ende verbreitert, die Spitze
bildet einen Winkel. Die Augen weit von einander;
die vordere Augenreihe fast gerade, die hintere
nach hinten schwach convex, beide fast parallel;
die vorderen Augen um mehr als Augenbreite, die
hintern viel weiter von einander entfernt, die Seitenaugen um Augenbreite von einander abstehend
(Fig. 25.)

7. Gattung **Cheiracanthium.** Maxillen fast linear, an
der Spitze abgerundet. Die Augen nahe beisammen;

die vordere Reihe fast gerade, die hintere nach
hinten convex gebogen; die vordern Augen um
einfache, die hintern um doppelte Augenbreite von
einander entfernt, die Seitenaugen berühren sich
fast (Fig. 26). An dem Tasterkolben des Männchens
ein langer rückwärts stehender spitzer Sporn.

8. Gattung **Anyphaena**. Maxillen wie bei der vorigen. Augen nahe beisammen; die vordere Reihe
nach vorn, die hintere nach hinten convex; die vordern Augen berühren sich fast, die der hintern
Reihe um mehr als Augenbreite von einander entfernt (Fig. 27).

9. Gattung **Macaria**. Die Hauptkrallen der Füsse
mit 1—3 schwachen Zähnchen oder ungezähnt.
Maxillen fast gerade, gegen die Lippe geneigt; die
Lippe nur so lang als breit, abgestumpft. Die Augen
sehr flach, klein, ziemlich nah bei einander, bilden
zwei nach hinten stark convex gebogene parallele
Reihen (Fig. 28). Kleine Spinnchen mit schönen
Farben schillernd.

1. Gattung Argyroneta.

Argyroneta aquatica. Weib 5½''' Mann bis 7''' lang.
Sie lebt im Wasser. Vorderleib fast nackt, roströthlich,
vorn mehr ins Gelbliche, hinten und an den Seiten ins
Braune ziehend, um die Stirne schwarzbraun; auf dem
Kopfe drei feine schwarze Längslinien, die seitlichen von
der Rückengrube im Bogen nach den Mittelaugen; auf dem
Thorax schwarze Strahlenstriche. Der Hinterleib oval,
oben zwei Reihen eingedrückter Puncte; dunkelbraun, aufs
Olivenfarbige ziehend, bei unversehrten Exemplaren mit
einem sanften weisslichen Reif, der von den weisslich
grauen Härchen herkommt. Beine olivenbraun, an Schenkeln und Hüften heller und gelblich durchschimmernd.
Spinnwarzen gleichlang und abgestutzt. Nicht selten.
Hahn II. Fig. 118. Koch VIII. Fig. 636.

Diese merkwürdige Spinne lebt in süssen Gewässern.
Sie schwimmt schnell, den Kopf nach unten gekehrt, den
Hinterleib in eine Luftblase eingehüllt. Sie baut sich unter
dem Wasser an Pflanzen ein glockenförmiges Zelt, das sie

mit Luft füllt. Die Beute fängt sie im Schwimmen. Die
Eier werden im Juni in dem Neste abgesetzt und kommen
schnell aus. Den Winter bringt die Spinne in leeren
Schneckenhäusern zu, welche sie durch ein künstliches
Gewebe schliesst. In Gräben mit Wasserpflanzen hält sie
sich zahlreich zwischen den letztern auf, und man fängt sie
leicht mit dem Käscher. Anfang Juni habe ich reife Männchen gefangen.

2. Gattung Amaurobius.

Amaurobius ferox. Weib 6''', Mann 5''' lang. Kopf
dick, gewölbt, durch tiefe Seitenfalten vom Thorax getrennt,
glänzend, schwarz behaart. Vorderleib röthlich pechbraun,
am Kopfe dunkler. Hinterleib oval, filzartig dicht behaart,
schwarz; vorne bis ½ der Länge ein spiessförmiger Mittelstreif, jederseits davon ein ebenso langer schmälerer Längsstreif, hinten hakenförmig einwärts gebogen, und hinter
dieser Zeichnung drei bis vier Paare schief gegen einander
gerichteter Querfleckchen weiss. Bauch schwarz, Lungenschildchen und dahinter zwei Längsstreifen gelblich. Brust
röthlich oder gelblichbraun. Beine röthlichbraun, Schenkel
heller, am Ende und in der Mitte der Schenkel und Schienbeine schwärzliche Ringe, meistens undeutlich. Ziemlich
häufig in Kellern und andern düstern Orten in Gebäuden.
Im April und Mai Männchen und Weibchen reif. K o c h
VI. Fig. 460, 461.

Amaurobius claustrarius. Weib 8''', Mann 5½''' lang.
An Gestalt der vorigen gleich. Vorderleib glänzend, braun,
am Kopfe ins Schwarze übergehend. Hinterleib haarig,
staubig braunschwarz, in den Seiten kleinfleckig gelblich
gemischt; auf dem Rücken zwei Längsreihen erdfarbig
röthlich gelber Flecken: das vorderste Paar länglich, hinten etwas auswärts gebogen, die folgenden schief liegend,
hinten etwas hakenförmig einwärts gebogen; zwischen
beiden Reihen ein schwarzer Längsstreif mit Seitenzacken
hinter den einzelnen Flecken. Bauch erdfarbig gelblich,
mit zwei bräunlichen Längsstreifen, Lungenschildchen gelb.
Beine bräunlich gelb, an Wurzel und Spitze der Schienbeine ein breiter Ring braun, oft undeutlich. — Selten.

Sie kommt an düstern Stellen unter Steinen u. s. w. in
Wäldern vor, während A. ferox nur in Gebäuden lebt.
Herr M e n g e hat bei Carthaus 2 Weibchen gefangen. Ich
habe sie noch nicht gefunden. K o c h X. Fig. 830.

Amaurobius atrox. Weib 4 — 4½''', Mann 3 — 3¼'''
lang. Gestalt wie bei A. ferox. Kopf dunkel rothbraun,
glänzend; Thorax gelbbräunlich, jederseits drei Strahlenstreifen braun. Hinterleib olivengelb; auf dem Rücken
vorn bis fast zur Hälfte der Länge ein breiter Längsfleck
schwarz, hinten fast gerade abgeschnitten, an den Seiten in
der Mitte ausgekerbt, umgeben von einer gelben Einfassung; dahinter erst zwei bis drei Paare gegeneinander
liegender gelblicher Schiefffleckchen, dann schwarze Bogenstreifchen. In den Seiten schwarze Längsfleckchen in
Längsreihen geordnet. Der Bauch schwarz gefleckt. Beine
gelblich, die Schenkel unten schwärzlich gefleckt, Schienbeine und Fersen mit drei schwärzlichen Ringen. — Sie
lebt an dunkeln Orten, in Mauerlöchern, unter Steinen
u. s. w. Herr M e n g e hat sie bei Redlau im Moose ziemlich häufig gefangen. Ich habe sie noch nicht gefunden.
K o c h X. Fig. 831. H a h n I. Fig. 87.

Amaurobius tetricus. Weib 3½''' lang. Vorderleib
bräunlich ockergelb, jederseits drei bräunliche Strahlenstriche, glänzend. Hinterleib behaart, gelblich, oben
schwärzlich staubig gemischt; auf dem Rücken zwei Längsreihen gelblich weisser Flecken, das vorderste Paar klein
und gegeneinander gerichtet, die folgenden grösser und
dann nach hinten wieder kleiner werdend, fast rautenför-
mig, die hintern in Querbogen zusammengeflossen; in den
Seiten Längsfleckchen, und vorn an den Seiten ein grösserer Längsfleck gelblichweiss. Beine bräunlich ockergelb. —
Selten. Herr M e n g e hat ein Weibchen davon bei Weichselmünde gefangen. K o c h hatte ein Weibchen aus Kaern-
then. Das Männchen noch unbekannt. Ich habe diese
Spinne noch nicht gefunden. K o c h VI. Fig. 462.

Amaurobius terrestris. Weib 6 — 6½''', Mann 4 — 4½'''
lang. Vorderleib mattglänzend, röthlichbraun, am Kopfe
dunkler, Thorax mit dunklern Strahlenstreifen. Hinterleib
oval, hinten erweitert, sammethaarig schimmernd, schwarz.
auf dem Rücken vom zweiten Stigmenpaar an eine Längs-

reihe paarweise gegen einander liegender Strichfleckchen, und unregelmässige kleine Fleckchen in den Seiten trüb fleischröthlich. Auf dem Bauche zwei hellere bräunliche Längsstreifen oft undeutlich, und um die Spinnwarzen die Einfassung gelblich. Beine rostroth, bei jungen gelblich graubraun, braunschattig geringelt. — In düstern Waldungen unter Steinen oder unter Moos an Bäumen u. s. w. Selten. Herr Menge hat bei Heubude fünf Weibchen unter Moos an Bäumen gefunden. Ich habe sie noch nicht gefangen. Koch VI. Fig. 463, 464.

3. Gattung Drassus.

Drassus sericeus. Weib 6—7''', Mann 4''' lang. Vorderleib rostbraun mit weisslichem Seidenschimmer, mit rauhen Borsten weitläufig besetzt; die Mittelaugen fast ein Rechteck bildend. Hinterleib oval, etwas aufgetrieben, schwarz mit weisslichem Seidenschimmer und einzelnen längern schwarzen Härchen, ein Fleck über der Einlenkung tief schwarz. Die Lungenschildchen auf dem schwarzen Bauch gelb. Brust röthlichschwarz, behaart. Beine und Taster heller rostbraun als der Vorderleib, das Endglied der Taster schwarzbraun. — An dunkeln Orten in Gebäuden, unter Baumrinde u. s. w. nicht selten. Sie verlassen in der Abenddämmerung ihre Schlupfwinkel. Koch VI. Fig. 457, 458.

Drassus murinus. Weib 5''', Mann 4½''' lang. Vorderleib gelblich, aufs Roströthliche ziehend, vorn am Kopf verloren schwärzlich, auf dem Thorax jederseits drei dunkle Strahlenstreifen; die hintern Mittelaugen nahe beisammen. Hinterleib länglich eiförmig, mäusefarbig röthlichgrau; auf der Vorderhälfte ein lang kegelförmiger nicht scharf ausgedrückter bräunlicher Längsstreif, am Rande desselben jederseits eine Reihe mehr oder weniger deutlicher hellerer schattenartiger Längsfleckchen; über der Einlenkung ein schwarz haariger Bogenfleck. Lungenschildchen hellgelb. Brust gelbröthlich, am Rande verdunkelt. Beine roströthlich, die Endglieder dunkler mit russigem Anstrich. Taster roströthlich, das Endglied schwärzlich.

Selten. Unter Fichtenrinde u. s. w. Koch X. Fig. 836.
Hahn II. Fig. 141.

Drassus lapidicola. Weib 6—7‴, Mann 4 — 5‴ lang.
Sie variirt sehr in der Grösse, besonders der Mann. Vorderleib bräunlich- oder gelblichroth, gegen die Augen
dunkler, mit seidenschimmernden Härchen dicht besetzt,
auf dem Thorax Strahlenfalten, die Kanten des Thorax
schmal braunschwarz. Die Mandibeln stark, dunkel rothbraun, ein Scitenschildchen daran stärker glänzend und
schön roth. Hinterleib länglich oval, mäusegrau, röthlich
und weisslich sammetartig schimmernd, über der Einlenkung ein halbrunder Haarfleck schwarz, bisweilen von diesem ausgehend ein brauner Längsstreif, hinten spitz auslaufend; die Farbe des Bauches heller als die des Rückens.
Die Beine blass röthlich, aufs Ockerfarbige ziehend. Unter
Steinen und im Grase an sonnigen Stellen nicht selten. Im
Juni und Juli sind die Männchen reif. Koch VI. Fig.
450, 451.

Drassus Troglodytes. Weib 3 — 3½‴, Mann 2½‴
lang. Vorderleib gelbbraun mit zartem Seidenschimmer,
Seiteneinfassung schwarz, auf dem Thorax dunkle Strahlenstriche. Mandibeln dunkel pechbraun. Hinterleib fast walzig, hinten breiter, von oben niedergedrückt; graubraun
ins Fleischrothe spielend mit weisslichem Sammetschimmer,
ein Fleck über der Einlenkung schwarz, auf dem Rücken
ein dunkler Mittelstreif, zu seinen Seiten vorne drei Paar
kleine Längsfleckchen röthlichweiss, alle drei Paare einander parallel; dahinter zwei bis zu den Spinnwarzen
reichende Längsreihen weisslicher, schief gegeneinander
gerichteter Strichfleckchen, öfters undeutlich. Beine graugelblich. Unter Steinen u. s. w. Ziemlich selten. Im Mai
und Juni reif. Koch VI. Fig. 455, 456.

Drassus severus. Weib 4½ —5‴, Mann 4‴ lang.
An dem Thorax stehen die Seitenkanten etwas vor, und
ihnen parallel ziemlich entfernt davon eine flache Längsfurche. Vorderleib dunkel rostgelb glänzend; von der
schmalen Rückenritze feine Strahlenlinien, ein Paar derselben in der Scheidungsfurche des Kopfes und Thorax,
ferner eine feine Längslinie in der Mitte des Kopfes und
die Seitenkanten schwarz. Mandibeln dunkel rostroth, die

Spitze der Fangkralle gelbroth. Taster dunkel ockergelb, das Endglied rothbraun. Hinterleib braun, mit röthlich-gelben seidenschimmernden Härchen bedeckt; auf dem Rücken in der vordern Hälfte drei Paare weissliche Längs-fleckchen, die des ersten Paares einander parallel, die der beiden folgenden nach hinten divergirend; dahinter zwei Reihen schief gegeneinander liegender weisslicher Strich-fleckchen, die hintersten im Querbogen zusammengeflossen, ausserdem noch ein Paar nach vorne divergirende weiss-liche Fleckchen über den Spinnwarzen. Bauch heller. Lungenschildchen gelb. Beine dunkel rostgelb, Endglieder dunkler. Brust rostgelb, mit einer Haarfranse eingefasst. — Unter Steinen, Baumrinde u. s. w. Selten. Koch VI. Fig. 446, X. Fig. 838.

Drassus rubens Walck. (D. montanus Hahn II. Fig. 103). Weib 6—7''', Mann 5''' lang. Vorderleib kastanien-braun, glanzlos, kurz behaart. Mandibeln braunroth, be-haart. Hinterleib langgestreckt, weich, oben hell mäuse-grau, Bauch röthlichgrau, in der Mitte fast nackt. Beine und Taster hellröthlich, behaart, mit einzeln stehenden längern Borstenhaaren. Aehnlich der Dysdera erythrina. Unter Steinen und Baumrinde. Sehr selten. Herr Menge hat sie bei Danzig gefangen, mir ist sie nicht vorge-kommen.

4. Gattung Melanophora.

Melanophora subterranea. Weib 4''', Mann 3½''' lang. Ganz schwarz, mit Seidenschimmer. Ein durchscheinender Fleck an den Seiten der Schenkel des vordern, und weni-ger deutlich an denen des zweiten Beinpaares; die Fersen der vier vordern, und die Tarsen aller Beine braunroth. Die Lungenschildchen rostgelb. Unter Steinen. Nicht sel-ten. Im Mai reif. Koch VI. Fig. 491, 492.

Melanophora pusilla. Weib 2''', Mann 1¾''' lang. Schwarz, mattglänzend. Die Fersen und Tarsen der vier Vorderbeine ockergelb, der vier Hinterbeine rostroth. Das Endglied der Taster und die Lungenschildchen rostroth. Unter Steinen und an feuchten Orten der Wiesen. Selten. Im Mai reif. Koch VI. Fig. 496, X. Fig. 835. Ich fand

ein fast reifes Männchen in Moos aus Heiligenwalde bei
Königsberg Ende März.

Melanophora pumila. Weib 1³/₄''', Mann 1¹/₂''' lang.
Vorderleib schwarz oder pechbraun, stark glänzend. Hinterleib tiefschwarz, Lungenschildchen gelb. Hüften und
Schenkel aller Beine hell bräunlich gelb, an der Spitze
braun, Kniee und Schienbeine der vier Vorderbeine schwarz,
der vier Hinterbeine rostbräunlich; Fersen und Tarsen
aller Beine rostgelb. Die Taster am Grunde gelblich, in
der Mitte braun, das Endglied roströthlich. Unter Steinen,
an sonnigen Bergabhängen. Selten. Ende Mai reif. Koch
VI. Fig. 480, 481.
Ich fand ein junges Weibchen im Moose Ende März.

5. Gattung Pythonissa.

Pythonissa variana. Weib 3¹/₂''', Mann 3''' lang. Vorderleib schön rostroth, um die Augen schwarz. Hinterleib
sammetschwarz mit etwas Metallschiller; über dem Vorderrande ein Bogenstreif, in der Mitte unterbrochen, dahinter
ein Paar ovale Flecken neben einander, in der Mitte zwei
gegeneinander liegende Querstreifen, und über den Spinnwarzen ein Querfleck weiss. Die Beine mennigroth, die
Schenkel schwarz. Unter Steinen, an sonnigen, sandigen
Plätzen u. s. w. Selten. Im Juli und August reif. Koch
VI. Fig. 478. (Drassus nocturnus Walcken.) Ich habe sie
unter Gebüsch auf den Sanddünen am Ostseestrande gefangen.

Pythonissa tricolor. Weib 3''', Mann 2¹/₂''' lang. Vorderleib braun, glänzend; hinten am Kopfe in der Scheidungsfurche jederseits ein ovales schwarzes Schieffleckchen.
Hinterleib schwarz, glanzlos. Brust braun, mit langen
schwarzen Wimperhaaren. Hüften braun, Schenkel mennigroth, die folgenden Beinglieder schwarz, die Tarsen ins
Ockergelbe ziehend. Unter Steinen, Moos u. s. w. Sehr
selten. Koch VI. Fig. 479. Ich habe davon 4 Weibchen
gefangen. Herr Menge hat bei Münde unter Haidekraut
1 Männchen und 2 Weibchen gefangen.

Pythonissa lucifuga. Weib 7¹/₂''', Mann 6''' lang.
Vorderleib, Mandibeln, Brust tief schwarz. Hinterleib

schwarz, etwas auf's Gelblich metallische ziehend. Lungenschildchen hellgelb, schwarz eingefasst. Die Taster schwarz,
das zweite Glied in der Mitte rostgelblich. Beine schwarz,
mit dunkelbraunen Hüften und rostrothen Schenkeln, die
letztern an der Spitze schwarz, auch an der Wurzel schwärzlich. Das vierte Tasterglied des Mannes ist dick, mit einem
gekrümmten, vorwärtsstehenden Stachel. — Ende Mai reif.
An Bergabhängen, unter Steinen, meistens in kleinen Erd-
höhlungen sitzend. — Selten. Herr Menge fand bei
Jeschkenthal unter Moos 4 Weibchen und 1 Männchen.
Ich habe sie noch nicht gefunden. Koch VI. Fig. 468,
469, 470.

Pythonissa occulta. Weib 2⅔''' lang. Vorderleib,
Mandibeln und Brust pechbraun, Kopf und Mandibeln
dunkler als der Thorax. Taster am Grunde und Ende
bräunlichgelb, in der Mitte pechbraun. Hinterleib braun;
ein Fleck über der Einlenkung und von diesem ausgehend
ein Längsfleck auf dem Rücken bis über das zweite Paar
der Rückengrübchen reichend, schwarz, hinten sich ausspitzend. Hüften und Schenkel der Beine dottergelb, die
Spitze der letztern schmal schwärzlich; Knie, Schienbeine,
Fersen schwarz, das Tarsenglied aller Beine trüb ockergelb. Sehr selten. Herr Menge hat 2 Weibchen am Johannisberg gefangen. Das Männchen ist noch unbekannt.
Koch VI. Fig. 472.

Pythonissa exornata. Weib 3'''. Mann 2¾''' lang.
Vorderleib trüb ockergelb, ein Bogenstreif beiderseits am
Kopf, die Kanten und gebogene Fleckchen an den Seiten
schwarz. Taster ockergelb. Hinterleib röthlich grau; der
Vorderrand und von diesem ausgehend ein feiner Längsstrich schwarz; dicht an diesem vorne beiderseits zwei
runde Fleckchen, sodann fünf schiefliegende Laubfleckchen
von derselben Farbe, die vordern dieser Fleckchen breiter
als die hintern, alle zusammen ein Längsband vorstellend.
Die Einfassung der Spinnwarzen, vier schmale kleine
Längsfleckchen an denselben und an den Seiten ein Längsstreif aus zusammenfliessenden schiefen Fleckchen und
Strichen schwarz. Bauch heller, mit zwei schwarzen Längsstreifen. Beine ockergelb, Schenkel, Kniee, Schienbeine
schwarz angelaufen, beide letztere an der Wurzel wieder

gelblich, oder alle Beine ockergelb, die Schenkel, Knie und Schienbeine an der Spitze nur schattig dunkler. — Koch VI. Fig. 476, 477. Koch hatte 3 Exemplare dieser Spinne aus Griechenland. Herr Menge hat an 20 Exemplare davon am Bischofsberg und bei Dreischweinsköpfe im Moder und bei Münde im Haidekraut gefangen. Ich habe sie noch nicht gefunden.

Pythonissa comata (mihi). Weib $2\frac{1}{2}'''$, Mann $2\frac{1}{4}'''$ lang. Vorderleib schwarz, glänzend; ein breiter Mittelstreif von glänzend weissen etwas zottigen Haaren reicht von den Augen bis zur hintern Abdachung. Mundtheile schwarz. Hinterleib schwarz mit grünlichem Metallschimmer; um den Vorderrand ein fast hufeisenförmiger, an den Schultern eckiger Fleck, und in der Mitte des Leibes zwei dreieckige, mit den Spitzen gegeneinander liegende schön weisse Flecken von Haaren. Die Spinnwarzen schwarz, an der Spitze weisslich. Die Hüften des ersten Beinpaares, die ganzen Schenkel und von den Schienbeinen, namentlich des ersten und letzten Beinpaares, der grösste Theil schwarz; die Hüften der drei hintern Beine, die Kniee aller Beine, die Schienbeine des zweiten und dritten Paares fast ganz, und die Fersen und Tarsen durchscheinend röthlichgelb, die letztern bei dem Männchen durch feine schwarze Härchen verdunkelt, bei dem Weibchen fast ganz schwarz. Taster schwarz, am dritten und vierten Gliede röthlichgelbe Fleckchen. Brust breit elliptisch, schwarz, glänzend. Unterseite des Hinterleibes schwarz, matt schimmernd, in der Mitte ein breiter Streifen von grau weisslichen Härchen von den Lungenschildchen bis über die Hälfte der Länge reichend. Lungenschildchen bräunlichgelb. Vorderleib breit eiförmig, ziemlich flach, Kopf schmal, der Seitenrand fein nathförmig aufgeworfen. Hinterleib länglich oval. Spinnwarzen büschelförmig lang vorstehend.

Von dieser schönen Spinne fing ich ein reifes Weibchen und ein Männchen mit noch nicht ganz entwickelten Tasterkolben auf Gebüsch am Landgraben bei Königsberg am 8. August 1866. Den Beinamen habe ich gewählt nach der weissen Behaarung auf dem Scheitel des Vorderleibes.

6. Gattung Clubiona.

Clubiona holosericea. Weib 3—5''', Mann 3—4''' lang.
Die ganze Spinne mit graulich weissen wie Atlas schillern-
den Schuppen besetzt, darunter die Hautfarbe des Vorderleibes blass hornbraun, des Hinterleibes braunroth. Beine
und Taster grünlich weiss, durchscheinend, an der Spitze
schwärzlich. Mandibeln fein der Quere nach gerunzelt, sie
so wie Maxillen und Unterlippe schwarz. — Häufig in
Wäldern, Gärten, auch in Häusern. Sie macht ein dichtes seidenartiges Gewebe in Spalten, unter der Rinde alter
Bäume oder zwischen Blättern. Koch (Hahn) I. Fig. 84.

Clubiona amarautha. Weib 4—6''', Mann 5''' lang.
Der vorigen ähnlich, aber grösser und stärker, der Kopf
breiter. Vorderleib heller oder dunkler hornbräunlich mit
Seidenschimmer, der Vorderkopf ins Schwarze übergehend,
die Mundtheile schwarzbraun oder schwarz. Hinterleib
röthlichschwarz, mit mausfarbigen, graugelblichen Schuppen dicht besetzt, mit Seidenschimmer; an den vier Rückenstigmen bilden die Schuppen meistens etwas hellere Fleckchen, doch oft kaum merklich. Beine hell bräunlich gelblich. Häufig in Wäldern u. s. w., aber nicht in Häusern.
Sie webt in zusammengefalteten Blättern eine schneeweisse
längliche sackförmige Hülle mit einem Ausgange am Ende,
worin das Weibchen ihre Eier in einem ovalen linsenför-
migen Häufchen bewacht. Die Grösse variirt sehr. Im Juli
reif. — Koch (Hahn) I. Fig. 85.

Clubiona erratica. Weib 3¾''', Mann 2¾—3''' lang.
Vorderleib blass olivengelb, mit strohgelben, sammetartig
schimmernden Schüppchen belegt, vorn am Kopfe verloren
ins Bräunlichrothe. Hinterleib strohgelb, schön seidenartig
schimmernd, an der Spitze und in den Seiten etwas verloren bräunlich verdunkelt; über die Mitte des Rückens
ein Längsstreif schwarz oder schwarzbraun, vorne breiter
und spiessförmig, nach hinten zugespitzt, linienförmig bis
zu den Spinnwarzen reichend, im hintern Theile bisweilen
von mehr oder weniger deutlichen bogigen Schattenstreifen
durchbrochen. Mandibeln dunkel kastanienbraun. Beine
und Taster blass ockergelb mit strohgelbem Seidenschimmer.

7 *

Ziemlich häufig, gerne verborgen unter abgelöster Baumrinde u. s. w. Ende Mai findet man sie ausgewachsen. Koch X. Fig. 842. 843.

Clubiona incomta. Weib 6''', Mann 5''' lang. Vorderleib hornbraun, am Kopfe dunkler, von grauweissen Haarschuppen seidenartig schimmernd. Hinterleib graubraun, mit grauweisslichem Seidenschimmer; auf dem Rücken gegeneinanderliegende kleine Schieffleckchen weisslich, doch meistens schwach angedeutet. Taster und Beine gelbbräunlich. Sie ist nicht so schlank als Cl. holosericea; Kopf und Thorax breiter, dicker, kürzer als bei dieser, Hinterleib eiförmig, dick, aufgetrieben. Unter Baumrinde u. s. w. nicht selten. Im Sommer reif. Koch VI. Fig. 442.

Clubiona comta. Weib 2¼''', Mann 2''' lang. Vorderleib hell ockergelb, eine feine Randlinie schwarz. Hinterleib oben röthlich ockergelb, in den Seiten und unten heller, auf dem Rücken drei Längsreihen von braunen Winkelfleckchen; in der mittlern Reihe vorn ein hinten ausgespitzter Längsstreif bis ⅓ der Länge, dahinter 6—7 dreieckige Fleckchen, deren hintere Spitzen in feine Bogenlinien seitwärts auslaufen; die beiden seitlichen Fleckenreihen fliessen bisweilen in feinmarmorirte Längsstreifen zusammen, und hängen hinten über den Spinnwarzen und vorn über der Anheftestelle schwach schattenartig, in ⅔ des vordern Mittelstreifens deutlicher mit der Mittelreihe zusammen. Auf dem Bauche drei Längsstreifen braun. Taster, Beine, Brust ockergelb, letztere mit einer feinen braunen zackigen Randlinie.

Sie ist selten, lebt auf Gebüsch, im Mai reif. Koch VI. Fig. 440 und X. 884.

Clubiona pallens. Weib 2½''', Mann 2''' lang. Vorderleib ockergelb, etwas ins Olivenfarbige ziehend, am Kopfe verloren röthlich, weitschichtig fein behaart, matt glänzend. Mandibeln mennigroth oder gelblichroth. Hinterleib länglich eiförmig, oben und unten rostroth, vorn auf dem Rücken verloren gelblich, dicht seidenartig mit grauen Härchen bedeckt, und daher sammetartig schimmernd. Beine und Taster ockergelb. — Auf Gebüsch, namentlich Haidekraut nicht selten, in einem geschlossenen Säckchen.

Am 2. Juni habe ich sie in der Begattung getroffen. —
Koch VI. Fig. 443, 444.

Clubiona pellucida. Weib 2½′″, Mann 2′″ lang. Gestalt der Cl. holosericea, aber sehr zart. Vorderleib, Taster, Beine sehr blass weisslichgrau, etwas aufs Olivenfarbige ziehend, durchscheinend. Die Augen schwarz, jedes mit einem braunschwarzen, schmalen Ringchen umgeben, das Ringchen der zwei vordern Mittelaugen rückwärts etwas verlängert. Mandibeln sehr blass röthlich, an der Wurzel heller. Brust schwefelgelb, am Rande schmal bräunlich eingefasst. Hinterleib blassgelb, in den Seiten verloren dunkler. Lungenschildchen weisslich. — Selten. Sie lebt auf Gesträuch in Wiesen oder freien niedrigen Gegenden. Koch X. Fig. 848.

Clubiona Phragmitis. Weib 3¼′″, Mann 3′″ lang. Vorderleib durchscheinend hell olivengelb, durch Härchen weisslich schimmernd, der Kopf vorne blassröthlich, keine dunkle Randeinfassung. Augen mit einem schwarzen Ringchen und über den vordern Mittelaugen ein braunes Bogenfleckchen. Hinterleib olivengelb, die Haarbedeckung aufs Gelblichweisse spielend, mit bräunlichgelben Spinnwarzen. Mandibeln rostroth, an der Wurzel heller. Lippe und Maxillen weisslich, Brust fast schwefelgelb. Lungenschildchen hellgelb. Taster und Beine durchscheinend blass röthlich gelb. — Selten. Auf niederm Gesträuch, in der Nähe von Gewässern. Im Mai und Juni reif. — Koch X. Fig. 846. 847.

Clubiona rubropunctata (mihi). Weib 2¾′″ lang. Thorax breiter als gewöhnlich, durch eine starke Schwingung des Randes in den schmalen Kopf übergehend. Hinterleib breit oval, von oben etwas niedergedrückt. Vorderleib erdfarbig gelbbraun, glänzend, die Randlinie des Thorax schwarz, hinten breiter als vorn; von der Rückengrube laufen nach dem Kopfe verzweigte schwarze Linien, auf der hintern Abdachung und an den Seiten schwarze Strichfleckchen. Der ganze Vorderleib licht grauweisslich behaart, stärker in der Mitte, und daher bildet von oben gesehen die Behaarung einen grauweissen Längsstreif, vorn von der Breite des Kopfes, nach hinten schmaler. — Die Hautfarbe des Hinterleibes braunschwarz, die zwei Paare

Rückenstigmen und über die ganze Oberseite zerstreute
Punctfleckchen rostroth, die letztern hinter den Stigmen in
Querbogen geordnet. Der ganze Hinterleib grauweisslich,
oben etwas zottig, behaart. Lungenschildchen ockergelb,
Brust schwarz, glänzend, licht grauweisslich behaart. Mundtheile schwarz, glänzend, Taster und Beine bräunlichgelb,
mit braunen Längsstreifen an den Seiten und unten, und
einer solchen Längslinie oben, besonders deutlich auf den
Schenkeln, die letzten Glieder dunkler. Das Epigynum
braun behaart, der Hinterrand bildet einen einfachen Bogen, daran in der Mitte vier glänzende schwarze Pünctchen.

Ich fing ein reifes Weibchen am 27. August 1866 auf
Weidengesträuch bei Spittelkrug, unweit Königsbergs; das
Männchen ist mir noch unbekannt.

7. Gattung Cheiracanthium.

Cheiracanthium Carnifex. Weib 4''', Mann 3¼''' lang.
Vorderleib dunkel ockergelb, an den Seitenrändern ins
Hellgelbe übergehend. Hinterleib länglich eiförmig, olivenbraun oder olivengrün, fein netzartig geadert, auf dem
Rücken zwischen zwei gelben Längsbändern ein spindelförmiger Längsstreif bis zu den Spinnwarzen rostbraun;
der rostbraune Mittelstreif in der vordern Hälfte scharf begrenzt, jederseits mit einem rechtwinklig abstehenden Sei-
tenzahn, rostbraun, in der hintern Hälfte spindelförmig erweitert, seitwärts ins Rothe verwaschen. Die Mitte des
Bauches olivengrün, von gelben Längsstreifen eingefasst.
Mandibeln rostroth, die Spitze breit schwarz. Taster und
Beine gelb oder grünlich. — Häufig auf niederm Gesträuch
oder auf hohem Grase. Sie pflegt in einem weissen seidenen Säckchen an der eingerollten Rispe von Grashalmen zu
sitzen. Im Juni sind die Männchen reif. — Koch VI.
Fig. 438. 439.

Cheiracanthium Nutrix. Weib 4½''', Mann 4''' lang.
Vorderleib gelb, aufs Olivengelbe ziehend, mit hellgelben
Seitenkanten, Kopf ins Blassröthliche vertrieben. Hinterleib dick eiförmig, gewölbt, etwas aufgetrieben, grünlichgelb, dicht netzartig dunkler geadert; auf dem Rücken bis

etwa zur Hälfte ein rostbrauner Längsstreif, hinten spitz auslaufend, mit zwei Paaren schräg rückwärts gerichteter Seitenzähne; auf der hintern Hälfte ein breiter grosser Schattenfleck rostroth. Mandibeln röthlichgelb, Spitze schwärzlich. Mitte des Bauches dunkler, von Längsstreifen eingefasst, die aus gelblichen Flecken bestehen. Taster und Beine blassgelb. — Ziemlich häufig; wohnt in einem sackförmigen Gewebe an Fichten u. s. w. — Im Juni oder Juli reif. — Koch VI. Fig. 434. 435.

8. Gattung Anyphaena.

Anyphaena accentuata. Weib 5''', Mann 4½''' lang. Vorderleib, Beine, Taster gelbbraun; auf dem Vorderleib zwei breite braune Längsstreifen, auf dem Thorax von hellen Strahlenstrichen durchschnitten. Beine mit schwarzen Puncten besetzt. Der Hinterleib oval, etwas niedergedrückt, schmutzig gelbgrau; oben, in der Mitte der Länge zwei dicht hintereinanderliegende spitze Winkel schwarz; ausserdem auf der Oberfläche des Hinterleibes sparsame schwarze oder braune Pünctchen und Fleckchen zerstreut, in den Seiten dichter gedrängt eine Seiteneinfassung bildend, die sich über die hintere Fläche des Leibes zieht; über dem After gruppiren sich jene Fleckchen zu einem dunkleren Längsbande, mit kleinen undeutlichen hellen Querstrichen hintereinander. Bauch schwarz staubig. Brust graugelblich, am Rande verdunkelt. Der ganze Körper grau behaart. Alte Exemplare sind sehr dunkel und fast zottig grau behaart. — Nicht selten auf Gebüsch und namentlich auf grösseren Bäumen, wo sie zwischen zusammengesponnenen Blättern auf Beute lauert. In der Mitte des Sommers ist sie ausgewachsen, im August und September erscheinen die Jungen. — Anyphaena accentuata Koch, Uebersicht des Arachnidensystems Heft 1. pag. 18. Clubiona punctata Hahn II. Fig. 99. Clubiona accentuata Walckenaer, Sundevall.

9. Gattung Macaria.

Macaria formosa. Weib 2''', Mann 1¾''' lang. Vorderleib kastanienbraun, Kopf vorn dunkler und mit weissen Härchen belegt, auf dem Thorax nicht undeutlich jederseits drei von weissen Härchen gebildete Strahlenstrjche. Brust hell kastanienbraun, der Rand verloren dunkler. Hinterleib lang, schmal, fast walzenförmig, vorn und hinten abgerundet; schwarz, mit starkem purpurrothem Metallglanz, auf dem Rücken mit Metallgrün gemischt; vorn über der Einlenkung ein kurzer Querstreif und unter demselben in den Seiten ein Schiefstrich, dann in der Mitte der Länge eine Querlinie und unter derselben in den Seiten ein Schieffleckchen, endlich in der Mitte des Rückens eine Längsreihe von Fleckchen weiss, eins dieser Fleckchen vor der mittlern Querlinie, vier hinter ihr, deren letztes über den Spinnwarzen rund und grösser als die andern. Die beiden ersten Glieder der Taster schwarzbraun, die drei Endglieder ockergelb. Beine gelbbraun oder ockergelb, die Schenkel der vier Vorderbeine schwarz, der vier Hinterbeine nur verdunkelt. — Selten. Diese hübsche Spinne kommt unter Laub, im Grase u. s. w. vor. Reife Männchen habe ich im Juli gefunden, ausgewachsene Weibchen schon im Mai. Koch VI. Fig. 501.

Macaria nitens. Weib 1¼''' lang. Vorderleib oben und unten, sowie die Mandibeln tief schwarz, glänzend. Hinterleib schwarz, grün, purpur- und goldfarben schimmernd, über den Spinnwarzen ein Pünctchen weiss. Die zwei ersten Glieder der Taster schwarz, die folgenden bräunlich. Die Hüften und Schenkel des ersten Beinpaares schwarz, die Schenkel des zweiten Paares an der Wurzel gelb, sonst schwarz, die Schenkel der vier Hinterbeine an der Spitze und unten grau angelaufen, im Uebrigen die Beine gelb. — Die Spinne lebt auf Gebüsch, im Moose u. s. w. — Selten. Ich besitze davon nur drei Weibchen, auch Koch kannte noch nicht das Männchen. — Koch VI. Fig. 497.

Macaria fastuosa. Weib kaum 2½''' lang. Vorderleib und Mandibeln purpur- und goldfarbig metallisch glänzend, am Kopfe ins Feuerrothe übergehend. Hinterleib schmal eiförmig; Grundfarbe braun, die Schuppenbelegung grün und purpurfarbig metallisch schimmernd; an den Seiten in der Mitte der Länge ein etwas schiefer, ziemlich grosser weisslicher purpurfarbig schillernder Fleck, und ein ähnlicher kleinerer weiter nach vorne; über den Spinnwarzen ein kleiner Fleck weiss. Die Schenkel der Beine rostgelb, die Kniee und Schienbeine gelblichgrau, das erste Fussglied grauschwarz, das letzte Fussglied an den Vorderbeinen grau, an den hintern hellgelblich. — Sehr selten. Ich habe ein Weibchen davon; auch Koch hatte nur ein Weibchen. Koch VI. Fig. 498.

Macaria myrmecoides (mihi). Weib 2⅜''', Mann 2¼''' lang. Der schlanke Hinterleib des Männchens in der Mitte durch einen tiefen Quereindruck in zwei Theile getheilt. Vorderleib braun mit goldgelben Haaren bestreut. Hinterleib metallisch kupfergrün- und rothschillernd; in der Mitte und nahe dem Vorderende eine weisse Querbinde, die letztere oben unterbrochen. Beine braun, Schenkel am Grunde schwarz. Sehr selten.

Von dieser schönen Spinne fing ich am 25. Juli 1849 zwei vollständig ausgebildete Männchen und ein Weibchen in der Plantage bei Pillau nahe dem Seestrande auf einem Sandwege laufend, und den 20. Juli 1865 auf Gras ebenda zwei Weibchen; anderwärts ist sie mir nie vorgekommen. Da sie noch nicht beschrieben zu sein scheint, so habe ich mir erlaubt, ihr einen Namen zu geben, und füge eine umständlichere Beschreibung bei.

Der Vorderleib des Weibchens ist lang eiförmig, der Kopf nur durch eine sehr schwache Furchung vom Thorax unterschieden, etwas über denselben erhaben, oben gewölbt, vorn einfach abgerundet. Der Hinterleib eiförmig, fast walzig, am Ende zugespitzt in die Spinnwarzen übergehend, durch einen dünnen und ziemlich langen Stiel mit dem Vorderleibe verbunden. Die Beine ziemlich lang und schlank. — Der Vorderleib ist kaffeebraun, der Kopf, namentlich der vordere Theil desselben dunkelbraun, fast schwarz; der Thorax mit goldgelben feinen Haarschuppchen belegt, wodurch ein goldiger Schimmer entsteht. Die Mandibeln von der Farbe des Kopfes. Die Brust schwarz-

braun, mit weissgelblichen Härchen bestreut. Der Hinterleib ist schön gefärbt; die Grundfarbe, oben wie unten,
erscheint, je nachdem das Licht darauf fällt, kupfergrün
oder kupferroth schillernd; in der Mitte der Länge befindet
sich eine weisse Querbinde, oder eigentlich zwei, auf der
Bauchseite mit breiter Basis anfangende, schmaler werdend
schräge nach oben ziehende, und sich auf der Mitte des
Rückens vereinigende weisse Streifen; kurz vor dem Vorderende des Hinterleibes sind ebenfalls zwei solche Streifen, die aber oben nicht zusammenkommen. Die Hüften
der Beine sind roth, die Schenkel der beiden vordern Beinpaare sind vom Grunde bis über die Hälfte schwarz, weiterhin, sowie die Kniee und Schienbeine braungelb, die Fersen und Tarsen dunkel schwarzbraun; die beiden hintern
Beinpaare schwarzbraun. Die Taster gelbbraun, die ersten
Glieder schwarz. — Das Männchen ist noch viel schlanker
als das Weibchen. Der Vorderleib dem des Weibchens
ziemlich ähnlich gestaltet; der Hinterleib aber ist walzenförmig, vorne lang gestielt, und in der Mitte querüber tief
eingedrückt, wodurch namentlich das Thier ein ameisen-
ähnliches Ansehn erhält. Die Beine sind länger als beim
Weibe. Die Mandibeln an der Basis auf der Vorderseite
stark knieartig gewölbt. Die Taster ziemlich lang; das
zweite Glied etwas aufgeblasen, sanft einwärts gekrümmt,
das dritte und vierte gleich lang und halb so lang als das
zweite; das vierte Glied an der Spitze oben mit zwei kurzen Zähnen hintereinander; der Kolben klein, die Schuppe
desselben schmal und lang vorgezogen. In der Farbe und
Zeichnung stimmt das Männchen mit dem Weibchen überein; die hintere weisse Querbinde liegt in dem Querein-
drucke des Hinterleibes.

V. Familie Dysderides, Röhrenspinnen.

Uebersicht der Gattungen.

1. Gattung **Dysdera.** Die sechs Augen dicht gedrängt,
fast in Hufeisenform gestellt, die vordern Mittelaugen fehlen; in der vordern Reihe zwei, grösser

als die andern und um mehr als Augenbreite aus
einander, die vier Augen der hintern Reihe bilden
einen nach hinten stark convexen Bogen (Fig. 29).
Der Kopf hoch gewölbt.

2. Gattung **Segestria**. Die sechs Augen weiter auseinander als bei Dysdera, die hintern Mittelaugen
fehlen; die vier Augen der vordern Reihe in einer
geraden Linie, die Seitenaugen der hintern Reihe
weiter von einander als die der vordern (Fig. 30).
Vorderleib walzenförmig.

1. Gattung Dysdera.

Dysdera erythrina. Weib 5''', Mann 4½''' lang. Vorderleib eiförmig, Kopf lang und hoch gewölbt, schön rostroth. Mandibeln stark vorstehend, rostroth. Die vier Vorderbeine und Taster dunkel rostgelb, die vier Hinterbeine
ockergelb oder hell rostgelb. Der Hinterleib länglich, fast
walzenförmig. graugelblich, seidenartig schimmernd. Sehr
selten. Koch V. Fig. 389. Die Spinne findet sich von
Mai bis September unter Steinen u. s. w., wo sie sich in
ein seidenartiges, sackförmiges Gewebe einschliesst. Auch
soll sie sich gerne in Ameisenhaufen aufhalten. Herr
Menge hat davon ein Männchen und ein Weibchen bei
Danzig unter Steinen gefangen. Ich habe zwei schöne
weibliche Exemplare, die hier in Königsberg gefunden
wurden, eins auf einem Hofraum in der Sattlergasse, eins
in einem Hause auf dem Sackheim. Ein Männchen verdanke ich dem Herrn Dr. Mayr in Pesth.

2. Gattung Segestria.

Segestria senoculata. Weib 5''', Mann 4¼''' lang. Der
ganze Körper walzenförmig. Vorderleib lang eiförmig, hinten und vorne abgestutzt, fast doppelt so lang als breit;
pechbraun, glänzend, wenig behaart. Hinterleib lang, walzenförmig, behaart, im Ganzen weinröthlich oder bräunlich
gelb; über die Mitte des Rückens läuft eine Längsreihe
von 6 bis 7 dunkelbraunen Flecken, die durch einen
durchlaufenden Längsstreifen verbunden sind, der vorder-

ste Fleck der längste, die folgenden immer kürzer, die
letzten erscheinen als Querstriche. Die Seiten und der
Bauch, so wie die Brust mit dunkelbraunen Fleckchen und
Puncten bespritzt. An den Schienbeinen und Fersen zwei,
an der Spitze der Schenkel ein schwarzer Ring. Häufig.
Koch (Hahn) I. Fig. 2. Koch V. Fig. 388.

Diese Spinne lebt unter Steinen, unter der Rinde ab-
gestorbener Bäume, im Moose an Steinen und Bäumen, in
Strohdächern u. s. w. Hier webt sie sich eine längliche
weisse Röhre, in der sie, die sechs vordern Beine an den
Körper gedrückt und vorgestreckt, sitzt und auf Beute
lauert. An der vordern Oeffnung der Röhre spannt sie einige
kurze Fäden aus. Die Jungen schlüpfen in der Mitte des
Sommers aus und halten sich in dem Neste der Mutter.

VI. Familie Thomisides, Krabbenspinnen.

Uebersicht der Gattungen.

A. Die Fussklauen ohne Afterkralle.
  a. Vor den Fussklauen keine Federhaarbüschel; die
     Beine folgen ihrer Länge nach in der Reihe 1, 2,
     4, 3.
  1. Gattung **Thomisus.** Das dritte Beinpaar sehr
     kurz, reicht wenig über das Knie des zweiten,
     das erste und zweite fast gleich lang. Die Augen
     stehen weit auseinander in zwei nach vorn convexen
     Bogen, alle klein, die der vordern Reihe etwas
     grösser als die der hintern, die Mittelaugen stehen
     in einem Trapez, die hintern Seitenaugen auf
     einem kegelförmigen Hügelchen (Fig. 31). Hin-
     terleib hoch gewölbt. Fusskrallen stark, krumm,
     äussere Kralle mit 16, innere mit 11—13, weib-
     liche Tasterkralle mit 5 starken krummen Zähnen.
  2. Gattung **Xysticus.** Das dritte Beinpaar reicht bis
     an die Spitze des Schienbeins des zweiten, das
     erste und zweite fast gleich lang, das vierte nicht
     viel länger als das dritte. Die vordern Augen
     stehen fast in gerader Linie, die hintern in nach
     vorne convexem Bogen; die Mittelaugen klein,

stehen im Quadrat, die Seitenaugen gross, stehen
auf kegelförmigen Hügelchen (Fig. 32). Hinterleib flach, kurz und breit, taschenförmig. Krallen
mit krummen Zähnen, äussere Fusskralle mit
5—8, innere 6—9, Tasterkralle mit 3—5.

b. Vor den Fussklauen auf der untern Seite der Fuss-
spitze Büschel von eigenthümlichen federartigen
Schuppenhaaren.

3. Gattung **Artamus**. Beine in der Folge 2, 1, 3, 4;
das erste reicht bis zur Spitze des vorletzten Gliedes des zweiten Beines, das dritte und vierte fast
gleich lang. Die hintern Augen stehen fast in gerader Linie, die vordern in einem nach vorne
schwach convexen Bogen, die Mittelaugen im Trapez; die Seitenaugen etwas grösser als die mittleren, die hintern Seitenaugen auf kleinen Hügelchen (Fig. 33). Hinterleib länglich, taschenförmig. niedergedrückt. Krallen schlank, wenig gebogen, mit kurzen, kammförmigen Zähnen, äussere
Fusskralle mit 5—7 weitläufigen, innere mit 14
—18 dichtstehenden, weibliche Tasterkralle mit
4—6 Zähnen.

4. Gattung **Philodromus**. Beine in der Folge 2, 1,
3, 4, ihr Längenverhältniss wie bei Artamus. Die
Augen alle klein, unter einander gleich; beide
Reihen bilden stark gekrümmte, nach vorn convexe Bogen; die vordern Mittelaugen merklich
näher beisammen als die hintern; die hintern Seitenaugen auf sehr kleinen Hügelchen (Fig. 34).
Hinterleib niedergedrückt, länglich oval. Krallen
wie bei Artamus.

5. Gattung **Thanatus**. Die Beine folgen ihrer Länge
nach in der Reihe 2, 4, 1, 3; das erste reicht bis
zur Spitze des vorletzten Gliedes des zweiten, das
dritte bis zum Ende des Schienbeins des zweiten;
Beine sehr lang und dünn. Augen in nach vorne
convexen Bogen, die hintere Reihe sehr stark,
die vordere weniger stark gebogen; die äussern
Augen etwas grösser als die mittleren: die vordern Mittelaugen etwas näher beisammmen als die

hintern (Fig. 35). Der Hinterleib lang, schmal walzenförmig. Die Krallen wie bei den beiden vorangehenden, die äussern mit 4, die innern mit 12, die Tasterkralle mit 5 Zähnen.

6. Gattung **Sparassus.** Beine in der Folge 2, 4, 1, 3, wenig verschieden in der Länge, stark und stämmig. Die Augen in zwei Bogen, die hintere Reihe nach hinten, die vordere nach vorne convex; die vordern Seitenaugen etwas grösser als die andern (Fig. 36). Der Hinterleib lang oval. Fusskrallen sehr gross und krumm, dicht kammförmig gezähnt, die äussere mit 13, die innere mit 15, die weibliche Tasterkralle mit 6 Zähnen. Die Federhaarbüschel davor sehr gross.

B. Die Fussklauen mit einer gezähnten Afterkralle, ohne Federhaarbüschel vor denselben.

7. Gattung **Sphasus.** Die Beine ihrer Länge nach in der Reihe 1, 2, 4, 3, das erste, zweite und vierte fast gleich lang. Die Augen zu vier Paaren gestellt, das vorderste Paar nahe beisammen, die des zweiten Paares weiter, die des dritten noch weiter von einander, die des vierten wieder näher zusammen; die vordersten Augen die kleinsten (Fig. 37). Die Fussklauen mit zwei starken Hauptkrallen, die äussern mit 19, die innern mit 17 Zähnen, und einer starken Afterkralle mit drei langen gebogenen Zähnen; weibliche Tasterkralle mit 12 Zähnen.

8. Gattung **Episinus.** Beine lang und dünn, folgen in der Reihe 1, 4, 2, 3, das zweite und dritte viel kürzer als die beiden vordern. Die Hauptkrallen mit 5, die Afterkralle mit 2 kurzen Zähnchen, die Tasterkralle fünfzähnig. Die hintere Augenreihe gerade, die vordere nach vorn convex gebogen; die Mittelaugen fast im Quadrat, etwas grösser als die äussern, die Seitenaugen etwas näher bei den Mittelaugen als diese unter einander (Fig. 38). Leib platt, Hinterleib länglich taschenförmig.

9. Gattung **Mithras.** Beine kurz und stämmig, folgen in der Reihe 1, 4, 2, 3. Hauptkrallen massiv,

vierzähnig, Afterkralle mit 2 starken krummen
Zähnen, Tasterkralle sechszähnig. Die Augen
bilden zwei nach vorn convexe Bogen, die hintere
Reihe stärker gebogen als die vordere. Die Seitenaugen der hintern Reihe sehr gross, auf hohen
Höckern, die Seitenaugen der vordern Reihe sehr
klein, kaum zu sehen (Fig. 39). Hinterleib sehr
hoch gewölbt, mit stumpfen Schulterhöckern.

1. Gattung Thomisus.

Thomisus calycinus. Weib 4 — 5''', Mann 2''' lang.
Weib: Hinterleib dick birnförmig, von oben etwas niedergedrückt; die ganze Spinne citronengelb bis weiss, auf dem
Hinterleib gewöhnlich jederseits ein rother Längsfleck. —
Mann: Hinterleib länglich oval, niedergedrückt. Vorderleib schwarz oder dunkelbraun mit violettem Schimmer,
ein Rückenstreif und die Augenhöckerchen gelb. Hinterleib gelb, in den Seiten schwarze oder braune Längsstreifen, die am Vorder- und Hinterende zusammenkommen,
auf dem dadurch begrenzten Rückenfelde zwei ebensolche
Längsstreifen, die nicht bis zum Vorderrande reichen.
Bauch rostbraun, in der Mitte dunkelbraun. Die vier Vorderbeine schwarz oder schwarzbraun, an den Schienbeinen
ein breiter Mittelring, die Fersen zur Hälfte und die Tarsen gelb. — Recht häufig. Sie lebt in Wäldern, auf Gebüsch u. s. w. Im Juni ist sie ausgewachsen. Koch IV.
Fig. 283, 284.

Die Spinne, besonders das Weibchen, variirt sehr,
und kommt daher bei den Schriftstellern unter verschiedenen Namen vor. Die Hauptvarietäten des Weibchens sind:
1) ganz weiss oder ganz gelb, ohne oder mit rothen Seitenstreifen auf dem Hinterleibe (die letzte Art Thomisus
citreus Hahn I. Fig. 32). 2) Vorderleib und Beine grün,
(Thomisus viridis Walcken.); oder ebenso, aber auf dem
Vorderleibe zwei dunkelgrüne Längsstreifen (Thom. pratensis Hahn I. Fig. 33.)

Thomisus floricolens. Weib 2¾''', Mann 2''' lang.
Vorderleib breit, niedergedrückt; Vorderleib, Mundwerkzeuge, Taster und Beine grün, die Augenhügel braun, bei
dem Männchen die Augengegend und von den hintern

Seitenaugen rückwärts ziehende Streifen braunroth; das
letzte Glied der Beine und Taster roth, die Spitze schwarz,
bei dem Männchen an der Spitze aller Glieder der beiden
vordern Beinpaare ein rothbrauner Ring. Der Hinterleib
oval, niedergedrückt, schön dottergelb oder grünlich; auf
dem Rücken ein gelblich kaffeebraunes Feld, oval, vorn
abgerundet, hinten verschmälert bis zu den Spinnwarzen,
der Rand unregelmässig gezackt, am Rande dunkler, im
Innern durch gelbe Puncte und Fleckchen erhellt, gegen
das hintere Ende von dunklern Querstreifen schattenartig
durchschnitten; bei dem Männchen vorne ein gelber Mittelstreif, jederseits davon ein gelbes Fleckchen. — Walcken. Ins. apt. I. pag. 532. Thomisus dorsatus Hahn
(Koch) I. Fig. 34. Die Spinne ist ziemlich selten. Ich
fing davon ein reifes Männchen und drei Weibchen im Juni
auf Gesträuch bei Dammhof, zwei Weibchen im Walde der
königl. Wilkie im September, und fand ein Weibchen in
Moos aus Postnicken im März, und ein Männchen auf Gebüsch bei Friedrichstein im Juni.

Thomisus horridus. Weib 3''' lang. Vorderleib breit,
fast kreisrund, niedergedrückt. Hinterleib oben abgeplattet,
breit taschenförmig, nach hinten verbreitert, der Vorderrand gerade, mit scharfen Schulterecken, die Seitenränder
fast gerade, der Hinterrand stumpf abgerundet mit etwas
vorgezogenen Seitenecken. Die Spinne im Ganzen zimmetbraun. Vorderleib dunkel zimmetbraun mit Weiss marmorirt, von den Augen ein breiter Längsstreif und die
Seitenkanten gelblich. Hinterleib auf der Rückenfläche
gelblich braun, die Rückenstigmen dunkler; die Seiten
und der Vorderrand dunkel zimmetbraun, mit gelblichen
Wärzchen auf letzterem und auf den Längsrippen der Seiten. Brust braun, gelb punctirt. Die vier Vorderbeine
gelblichbraun, mit dunkleren Ringen oder Flecken an der
Spitze der Glieder; die vier Hinterbeine hellgelb, die
Kniee des letzten Paares oben und ein Fleckchen oben an
der Spitze der Schienbeine schwärzlich. — Koch IV. Fig.
280. — Die Spinne ist sehr selten. Ich habe nur ein noch
nicht ausgewachsenes Weibchen bei Friedrichstein im Juni
1861 selbst gefangen und ein schönes ausgewachsenes
weibliches, ebenfalls bei Friedrichstein gefangenes Exem-

plar, vom Herrn Oberlehrer Dr. Lenz erhalten. Das erwachsene Männchen ist noch unbekannt.

Thomisus Diana. Weib 3''' lang. Vorderleib und Beine grün, ersterer gelb gesäumt. Hinterleib birnförmig, niedergedrückt, hinten erweitert und abgerundet; schuppig, beim Weibchen gelb, beim Männchen blass grün; auf dem vordern Theile ein fast rautenförmiger Fleck braunroth, um den hintern Rand zieht ein ebenso gefärbter Streif, der mit beiden Armen vorwärts geschwungen ist, bisweilen bis zu dem vordern Fleck reicht und eine rothe Einfassung des Hinterleibes bildet. Bauch blassgelb. Die Augenhügel schön citronengelb. — Sie kommt auf Pflanzen, besonders Doldengewächsen, an Waldrändern und auf Waldwiesen vor. — Sehr selten. Herr Menge hat davon ein Weibchen bei Danzig gefangen. Mir ist sie noch nicht vorgekommen. Hahn (Koch) I. Fig. 26.

2. Gattung Xysticus.

Xysticus viaticus. Weib 3½''', Mann 2''' lang. Auf dem Vorderleibe in der Mitte ein gleichbreites Längsband von der Breite der Augen und die Kanten weiss, in dem erstern hinter den Augen ein Keilfleck braun mit schwarzer Spitze; die breiten Seitenstreifen gelbbraun bis schwarzbraun, wenig oder gar nicht gelblich gefleckt, von einem gelblichen Schattenstreifen der Länge nach durchzogen, beim Männchen deutlicher als beim Weibchen, an beiden Enden ins Schwarze übergehend, am hintern Ende darin ein gelber Fleck mit dem Mittelstreifen zusammenhängend. Hinterleib breit oval, beim Weibchen fast taschenförmig; das breite Rückenfeld hinten abgerundet, olivenbraun bis rothbraun, ganzrandig, am Rande oft verdunkelt; in demselben ein breiter dreizackiger Längsstreif weisslich, in der Mitte mit trüber Mischung, die beiden hintern Zackenpaare oft als gebogene Querstreifen bis zum Rande durchziehend. Die Seiten weisslich, vorne mit rosarothem Anflug, von braunen Schieflinien durchzogen, die sich hinter dem Rückenfelde über den Rücken bogig schwingen. Beine gelb, beim Weibchen alle oben braun gefleckt und punctirt,

die hintern weniger, oben eine gelbe Längslinie, beim
Männchen Schenkel und Kniee der 4 Vorderbeine rostbraun bis schwarzbraun, die übrigen Glieder und die Hinterbeine ungefleckt gelb. — Das Männchen im Ganzen
dunkler und greller gezeichnet. Sein viertes Tasterglied
hat an der Aussenseite zwei Fortsätze: der obere pfriemenförmig, liegt der Deckschuppe des Kolbens an; der untere
breit, schief eiförmig, von den Seiten zusammengedrückt. Auf
dem runden Genitalienpolster des Kolbens zwei einfache
kleine Stiele, gegen einander gekrümmt, der grössere am Ende
hakenförmig gekrümmt und stumpf endigend, der kleinere
bogig gekrümmt und spitz endigend. Koch XII. Fig. 1003,
1004. Thomisus cristatus W a l ck. ins. apt. I. 521. Die
Spinne ist überall in Feldern, Wäldern, Gärten häufig.
Im Mai haben die Männchen reife Taster.

Xysticus audax. Weib 3, Mann 2¼''' lang. Auf dem
Vorderleibe in der Mitte ein Längsband; von der Breite
der Augen, hinten etwas, bei dunkeln Exemplaren oft
stark verschmälert, und die Kanten weiss; in dem erstern
hinter den Augen ein Keilfleck braun; die breiten Seitenstreifen heller oder dunkler schwarzbraun, stark gelbfleckig,
im hintern Ende ein grösserer gelber Fleck, gewöhnlich
mit dem Mittelstreifen nicht zusammenhängend. — Hinterleib breit oval; das breite Rückenfeld hinten abgerundet,
gelbbraun bis schwarzbraun, bisweilen gelbpunctig, unregelmässig zackenrandig; in demselben ein breiter dreizackiger Längsstreif weisslich, in der Mitte rostbraun oft
stark verdunkelt, die Zacken, besonders das erste Paar, am
Hinterrande schwarz angelegt, bei hellen Exemplaren
deutlich, bei dunkeln kaum bemerkbar. Der Vorderrand
und die Seiten vorne meistens roth, von braunen und
weissen Schieflinien durchzogen, die sich hinter dem
Rückenfelde über den Rücken bogig schwingen. — Beine
bei Männchen und Weibchen alle vier Paare gelblich, oben
braun gefleckt und punctirt, auf der Oberseite eine gelbliche Längslinie, am Ende der Schenkel, am Grunde und
an der Spitze der Kniee und Schienbeine, und am Ende
der Fersen ein schwarzbrauner Ringfleck, deutlicher an den
Hinterbeinen. — Das Männchen meistens dunkler als das
Weibchen; sein viertes Tasterglied hat auf der Aussen-

seite zwei Fortsätze: der obere pfriemenförmig liegt der
Deckschuppe des Kolbens an; der untere nach unten gerichtet, ist cylindrisch, stumpf dreikantig, am Ende in drei
stumpfe Ecken ausgehend. Auf dem runden Genitalienpolster des Kolbens zwei gegeneinander gerichtete bewegliche
Stiele: der eine an der Basis breit, handförmig, oben in zwei
durch einen bogigen Ausschnitt getrennte Fortsätze ausgehend, deren kleinerer ein dünner gekrümmter spitzer
Zahn, der andere breit, am Ende in eine geschwungene
Spitze ausgeht; der zweite Stiel unten dünn, oben in zwei
nach entgegengesetzten Richtungen gehende nach unten
gekrümmte spitzauslaufende Haken getheilt, fast einen um-
gekehrten Anker vorstellend. Koch XII. Fig. 1005 —
1008.
    Im Juni und Juli haben die Männchen reife Taster.
Ziemlich häufig in Feld und Wald auf Gebüsch u. s. w.
    Xysticus Lanio. Weib 4¹/₂—5''', Mann 3''' lang. Auf
dem Vorderleibe in der Mitte ein Längsband von der Breite
der Augen, hinten mehr oder weniger verschmälert, rothgelb, darin ein Keilfleck rothbraun; die breiten Seitenstreifen rothbraun bis schwarzbraun, meistens sparsam
gelbfleckig, am Hinterende ins Schwarze, und darin ein
grösserer gelber Fleck, die Kantenlinie gelblich. —Hinterleib breit oval; das breite Rückenfeld des Hinterleibes hinten abgerundet, an den Seitenrändern unregelmässig gezackt, gelblich rothbraun bis schwarzbraun; in demselben
ein breiter dreizackiger Längsstreif weiss oder gelblich, in
der Mitte mehr oder weniger rothbraun verdunkelt, bisweilen bis zum Verschwinden, oft von einem rothbraunen
Mittelstreif durchzogen, die Zacken schmal, fast rechtwinklig abgehend, meist bis zum Rande durchziehend. Die
Seiten des Hinterleibes oben gelblich, mit rostbraunen,
sich hinten über den Rücken schwingenden Schieflinien,
unten gelblich olivenfarbig mit rostbraunem Anstrich. —
Beine gelb; Schenkel und Kniee stark, die folgenden Glieder schwach, beim Männchen oft kaum merklich rostbraun
gefleckt und gestreift; an der Spitze der Schienen und Fersen ein rostbrauner Ring, deutlicher an den Hinterbeinen.
— Das vierte Tasterglied des Männchens an der Aussenseite mit zwei Fortsätzen: der obere pfriemenförmig, der

6*

Deckschuppe des Kolbens anliegend; der untere nach unten
gerichtet, breiter, von den Seiten zusammengedrückt, sein
Hinterrand bogenförmig convex, der Vorderrand bogenförmig concav, die Spitze nach vorn vorgezogen, stumpf. Auf
dem Genitalienpolster des Kolbens zwei gegen einander gekrümmte hakenförmige, etwas geschwungene Stiele: der hintere ganz einfach, der vordere am untern Ende der convexen
Seite mit einem kleinen Fortsatz, der bei ganz entwickelten
Tastern einen kleinen rückwärts gekrümmten spitzen Haken
bildet. — Koch XII. Fig. 1009 — 1012. Im Mai und
Juni haben die Männchen reife Taster. Diese Spinne ist
nicht so häufig als die beiden vorigen, ihr Aufenthalt wie
bei jenen.

Xysticus sabulosus. Weib 3''', Mann 2''' lang. Auf
dem Vorderleibe in der Mitte ein Längsband von der Breite
der Augen weiss, hinten etwas verschmälert; darin vorne
ein Keilfleck schattenartig bräunlich; die breiten Seitenstreifen graubraun gemischt, am Innenrande schwarze
Punctfleckchen, der Aussenrand verwaschen mit schwarzen
Flecken, am Hinterende schwarz und darin ein weisser
Fleck, die Kantenlinie weiss. — Hinterleib breit oval : das
breite Rückenfeld am Rande zackig, nach hinten schmal zulaufend bis zu den Spinnwarzen, graubraun oder olivenbraun, im vordern Theile oft rostroth, im hintern schwarzfleckig, vorne am Aussenrande drei bis vier Paare schwarze
Punctfleckchen. In der Mitte des Rückenfeldes ein Zacken-
streif mit kurzen Zacken nach hinten schmal zulaufend bis
zu den Spinnwarzen, weiss; am Hinterrande des ersten
Zackenpaares jederseits ein tiefschwarzer Querfleck. Die
Seiten weiss, mit bräunlichen Schieflinien. Beine weiss,
die letzten Glieder ockergelblich, braunschwarz gefleckt:
an den Schenkeln der vier Vorderbeine unten und an der
Hinterseite ein Längsstreif, das Ende der Schenkel, am
Grunde und an der Spitze der Schienen und Fersen ein
Ring braunschwarz. — Leider besitze ich kein ganz reifes
Männchen, weshalb die Untersuchung der männlichen Ta-
ster noch vorbehalten bleiben muss. — Koch XII. Fig.
999, 1000.

Diese Spinne ist ziemlich selten. Herr Menge hat
sie bei Heubude und Münde bei Danzig gefangen, ich fand

sie auf den Sandbergen am Strande bei Rauschen auf Haidekraut.

Xysticus Morio. Mann 2½''' lang, Weib noch unbekannt. Vorderleib dunkel braunschwarz, schwach rothgelb gefleckt; ein Mittelstreif nur schwach angedeutet braunroth, hinten stark verschmälert. — Hinterleib breit eiförmig, fast kreisrund, oben und unten braunschwarz, etwas gelblich gemischt, ein hellerer Zackenstreif in der Mitte des Rückens fehlt, die vorderen Rückenstigmen sehr gross, vertieft, dunkelroth; am Vorderrande und in den Seiten gelbe Punctfleckchen in schräge Längsreihen geordnet, undeutlich, besonders im hintern Theile. Brust schwarzbraun, gelb gemischt. — Beine: Schenkel und Kniee schwarzbraun, gelbfleckig, die übrigen Glieder bräunlichgelb; die Schienbeine der vier Vorderbeine schwach, der Hinterbeine stark braun gefleckt. — Am Ende des vierten Tastergliedes des Männchens zwei Fortsätze an der äussern Seite: der obere liegt der Deckschuppe an, ist am Grunde breit, dann in zwei Theile getheilt, deren oberer länger, im Ganzen pfriemenförmig, vor der Spitze an dem untern Rande mit einer kleinen vorstehenden Ecke, die eigentliche Spitze ein etwas gekrümmter spitzer Zahn, deren unterer kürzer, spitz zahnförmig ist; der untere Fortsatz nach unten abstehend, ein runder Stiel, hakenförmig nach vorne gekrümmt, am Ende stumpf abgerundet. Auf dem Genitalienpolster des Kolbens zwei kurze zahnförmige Zapfen, gegen einander gerichtet. — Koch IV. Fig. 289.

Von dieser sehr seltenen Spinne fing ich ein reifes Männchen im Forst von Warnicken am Wege. Herr Menge hat ebenfalls ein Männchen am Redlauer Strande bei Danzig gefangen. Koch hatte ein Männchen aus der Gegend von Triest erhalten. Das Weibchen ist noch nicht gefunden.

Xysticus praticola. Weib 2''', Mann 1½''' lang. Auf dem Vorderleibe in der Mitte ein Längsband von der Breite der Augen, hinten verschmälert, hinten weiss, vorne ockergelb, bräunlich gemischt; in demselben vorne ein Keilfleck schattenartig bräunlich, oft mit zwei dunkleren Längsfleckchen hinter den Augen; die breiten Seitenstreifen rothbraun, gelb gefleckt, am hintern Ende dunkler und darin ein gelber Fleck; die Kantenlinie weiss. — Hinterleib

breit oval, oben erdfarbig bräunlichgelb und braun gemischt,
ein zackiger Mittellängsstreif fehlt ; am Vorderrande jederseits ein kurzer Längsfleck schwarz ; in der Mitte der Länge
zwei gegeneinander liegende Querflecken, und dahinter drei
Querlinien, bisweilen in Flecken aufgelöst, schwarz oder
braun, mit weissen Querlinien abwechselnd. Am Vorderrande und in den Seiten schwarze, gelb eingefasste Puncte,
in schräg nach hinten ziehende Kettenreihen geordnet.
Bauch bräunlich ockergelb, schwarz gesprenkelt. Brust
gelb, am Rande mit braunen Flecken, oft ganz verdunkelt.
— Schenkel gelblichweiss, an den Vorderbeinen die Endhälfte oder darüber, bei den Hinterbeinen nur ein Ring am
Ende schwarzbraun ; die folgenden Glieder ockergelblich,
ein Fleck an den Knieen und ein Ring an der Wurzel und
am Ende der Schienbeine schwarzbraun, bei dem Männchen
die Schenkel der vier Vorderbeine fast ganz schwarz. —
Am vierten Tastergliede des Männchens an der Aussenseite
zwei Fortsätze : der obere am Grunde kurz und dick, am
Ende in einen dünnen, spitzen, sichelförmig gekrümmten
und etwas geschwungenen Zahn ausgehend, der der Deckschuppe anliegt ; der untere ein kleiner Stiel, am Ende
kurz rückwärts gebogen und zweitheilig, am Grunde mit
einem dünnen vorwärts stehenden Nebenstielchen. Auf
dem Genitalienpolster des Kolbens zwei kurze, fast kegelförmige Höckerchen. — Koch IV. Fig. 300, 301.
Ueberall nicht selten, meist auf der Erde laufend, auch
unter Steinen u. s. w.

Xysticus horticola. Weib 2¼''', Mann 1½''' lang.
Der Vorderleib dottergelb, bei Männchen rostroth ; von den
hintern Seitenaugen nach hinten jederseits ein Längsstreif,
und an dem Seitenrande auch ein, oft in Flecken aufge-
löster, Längsstreif schwarzbraun, wodurch die Grundfarbe
in drei gelbe Längsstreifen getheilt wird, in deren mittel-
stem vorne ein schattenartiger bräunlicher Keilfleck ; eine
feine Kantenlinie gelblich weiss. — Hinterleib breit oval,
oben graugelb oder rothgelb, bräunlich gemischt, mit
schwarzbraunen Flecken ; nämlich auf dem Rücken über
dem Vorderrande jederseits ein Längsstreif, bisweilen in
zwei oder gar drei aufgelöst, in der Mitte der Länge ein
Paar, und dahinter noch zwei bis drei Paare schwarzbraune

Querflecken, in Gestalt und Stärke sehr variabel, bisweilen
nur schwach angedeutet, oft durch eine weissliche Schattenlinie verbunden, oft noch andere schwarzbraune Punctfleckchen, bisweilen in Längsreihen geordnet. In den Seiten rippenförmige braune und weisse Schiefstreifen, über
den Hintertheil des Leibes geschwungen. Brust gelb, am
Rande oft mit braunen Fleckchen, oder ganz verdunkelt.
Beine gleichfarbig ockergelb, sparsam mit braunen Punct-
chen bespritzt; beim Männchen die vier Vorderbeine rostroth, öfters Schenkel und Kniee am Ende mit schwarzbraunen Fleckchen. — Am vierten Tastergliede des Männchens am Ende drei Fortsätze : der oberste an der Aussenseite breit, liegt der Deckschuppe an, der zweite darunter
ist sichelförmig, spitz, steht seitwärts weit vor, der dritte
an der Unterseite zahnförmig spitz, vorwärts gerichtet;
endlich ist an der Unterseite des vierten Gliedes ein nach
unten ragender runder Stiel, nach vorne gekrümmt, am
Ende stumpf, schwach zweitheilig. Auf dem Genitalienpolster zwei unregelmässige Knoten. — K o c h IV. Fig.
296—299.
Die Spinne ist nicht selten und lebt gerne verborgen
unter Gewächsen, Moos u. s. w. in Wiesen und Wald. Im
Frühjahr haben die Männchen reife Taster, zuweilen schon
im Spätherbst.

3. Gattung Artamus.

Artamus jejunus. Weib 4—5''', Mann 3''' lang. Körper plattgedrückt, Hinterleib taschenförmig. Der ganze
Körper himmelblau. Auf dem Vorderleibe jederseits ein
Fleck an den Augen, und ein grösserer auf dem hintern
Theile schwarz. Auf dem Hinterleibe der Vorderrand, in
der Mitte ein Paar grosse, gewöhnlich dahinter zwei kleinere Paare, und vor den Spinnwarzen wieder ein Paar
Querstreifen tief schwarz, in die schwarzen Seiten übergehend; die Querflecken bisweilen unterbrochen, oder
theilweise verwischt. Beine gelblich, schwarz geringelt und
punctirt. — Nicht selten. An Stämmen der Fichten, Weiden u. s. w. Ich habe im August und September reife
Männchen gefangen. K o c h XII. Fig. 1015, 1016.

Artamus laevipes. Weib 3''', Mann 2¼''' lang. Der
Körper plattgedrückt, Hinterleib taschenförmig. — Weissgrau behaart, braun melirt. Auf dem Hinterleibe jederseits
ein länglicher Schulterfleck bräunlich, am Innenrande
schwarz gesäumt; von den hintern stark eingedrückten
Rückenstigmen jederseits eine geschwungene schwärzliche,
hinten weiss gesäumte Querlinie nach den Seiten; dahinter
das Rückenfeld mit braunen welligen verwaschenen Querlinien. Beine weissgrau behaart, schwarzbraun geringelt
und gefleckt, an der Vorderseite der Schenkel des ersten
Paares ein starker tief schwarzer Längsfleck. — An Mauern
und Bretterwänden, so wie an Baumstämmen, besonders
alter Weiden u. dergl., im Sommer häufig. — H a h n
(K o c h) I. Fig. 90.

Artamus griseus. Weib 2¼''', Mann 2''' lang. Vorder-
und Hinterleib ziemlich gewölbt, behaart, grau-, weiss-
und schwarzstaubig gemischt. Hinterleib oval. Auf dem
Vorderleibe braune Strahlenstreifen, oft undeutlich. In der
Mitte des Hinterleibes in den Seiten zwei Paare Schiefstreifen schwarz, hinten weiss angelegt; auf dem hintern
Rande jederseits eine Bogenreihe weisser Flecken, in jedem
ein schwarzer Punct, bisweilen verwischt. Beine gelblich,
graubräunlich bestaubt, braun gefleckt oder geringelt. —
In Vorhölzern auf allerhand Gebüsch im Sommer sehr häufig, besonders auf Nadelholz-Gebüsch. K o c h XII. Fig.
1013, 1014.

Artamus corticinus. Weib 3½''', Mann 2¾''' lang.
Körper plattgedrückt, wenig gewölbt, Hinterleib oval,
Schultern stumpfeckig. Auf der Mitte des Hinterleibes ein
Paar eingedrückte Längsstriche, bisweilen in vier eingedrückte Puncte aufgelöst; davor ein Paar eingedrückte
Puncte. Die ganze Spinne einfarbig braunroth oder rostroth, oder auch rostgelb, heller oder dunkler, grauweisslich
beschuppt; bisweilen auf der Mitte des Hinterleibes eine
Reihe von kleinen paarweisen helleren Schiefstrichchen.
Beine gelb, Schenkel und Schienbeine mit schwachen
bräunlichen Ringen. K o c h IV. Fig. 306. K o c h sagt,
diese Spinne sei in Bayern selten und das Männchen habe
er noch nicht gefunden. Ich habe beide Geschlechter sehr
häufig am Maxkeimer Kruge bei Bartenstein an Fichten-

und Tannenstämmen im Juli und August gefunden, an andern Orten sehr selten.

4. Gattung Philodromus.

Philodromus aureolus. Weib 4¼‴, Mann 3¾‴ lang. Vorderleib fast kreisrund, schwach gewölbt. Hinterleib breit oval, niedergedrückt. Grundfarbe röthlichgelb oder bräunlichroth, beim Männchen bisweilen dunkelbraun mit goldgelbem Schimmer. Auf dem Vorderleibe ein breiter hellgelblicher oder weisser Mittelstreifen. Auf dem Hinterleibe das Rückenfeld hellgelb oder weisslich; in demselben auf der vordern Hälfte ein spindel- oder fast spiessförmiger Fleck, in der hintern Hälfte zwei Reihen von Schieffleckchen von der Grundfarbe, die Zeichnung bisweilen verwaschen. Beine gelb, ungefleckt. — Ueberall, besonders auf Fichten sehr häufig. Im Juli reif. Ende Juli schlüpfen die Jungen aus. — Thomisus aureolus Hahn II. Fig. 144, 145. Philodromus aureolus Koch, Uebers. d. Arachn. Syst. I. pag. 28.

Philodromus limbatus. Weib 3‴, Mann 2¼‴ lang. Vorderleib fast kreisrund, schwach gewölbt; Hinterleib oval, oben etwas flach. — Männchen: Vorder- und Hinterleib tief schwarz, beide mit weissem Rande umgeben; Taster weisslich, Kolben schwarz; Beine bläulich weiss. — Weibchen: Vorderleib gelblichweiss, mit zwei dunkleren, braungemischten Seitenstreifen, der Seitenrand rein weiss. Taster weisslich, das Endglied braun. Das Rückenfeld des Hinterleibes graugelblich, am Rande braun verdunkelt, mit Anfängen schattenbrauner Querstreifen mit dunkelbraunen Pünctchen; vorn ein Pfeilfleck angedeutet; die Einfassung des Rückens sammt den Seiten weiss, zuweilen mit bräunlichen Fleckchen. Beine gelblichweiss, Schenkel unten und an den Seiten dunkelbraun gepünctelt. — Im Juni reif. Sehr zahlreich fand ich die Spinne bei Dammhof und bei Kellermühle auf Gebüsch, sonst spärlich. Sie scheint danach die Nähe des Wassers zu lieben. Koch XII. Fig. 1017, 1018.

5. Gattung Thanatus.

Thanatus oblongus. Weib 6''', Mann 5''' lang. Vorderleib breit eiförmig, platt; Hinterleib lang gestreckt, fast
walzenförmig, beide bleich gelblich oder weisslich, mit
zartem Seidenschimmer. Auf dem Vorderleib drei schmale
bräunliche Längsstreifen, der mittelste vorn gabeltheilig;
oft näher zum Rande jederseits noch ein Streifen. Auf dem
Hinterleibe drei graubräunliche Längsstreifen, deren mit-
telster der breiteste ist; oft dazwischen noch zwei schmale,
aus Pünctchen bestehende Längslinien, meistens sehr undeutlich. Beine und Taster gelblich weissgrau, ungefleckt,
mit schwarzen Stacheln und Pünctchen bestreut. — Diese
hübsche Spinne lebt auf niederm Gebüsch, Gras, Moos
u. s. w. Recht häufig. Anfang Juni vollständig entwickelt.
— Thomisus oblongus Hahn I. Fig. 82. Thanatus trilineatus Koch, Uebersicht d. Arachn. Syst. I. pag. 28. Philodromus trilineatus Sundev.

Thanatus rhombicus. Weib 5''', Mann 4''' lang. Vorderleib breit, niedergedrückt; Hinterleib eiförmig, niedrig
gewölbt. — Die ganze Spinne graulichweiss, mit sparsamen längern Haaren bestreut. Auf dem Vorderleibe zwei
breite, gegen die Seitenaugen spitz auslaufende Längsstreifen, und auf dem Felde dazwischen zwei etwas undeutliche
von den Mittelaugen beginnende, nach hinten zusammen-
laufende schmälere Streifen braun. Auf dem Hinterleibe in
der Mitte ein brauner, länglich rautenförmiger Fleck, von
vorne bis über die Mitte reichend, weiss eingefasst, die
Einfassung hinten zugespitzt, fast bis zum Ende des Leibes;
auf der hintern Hälfte das Mittelfeld von einer braunen
Zackenlinie am Rande eingefasst; die Seiten hell bräunlich
verdunkelt. —

Die Spinne ist recht selten; ich habe davon im Juli
ein Weibchen bei Alexwangen, drei bei Rauschen im Sam-
lande, und eins bei Albrechtsdorf unweit Bartenstein auf
Gebüsch gefangen. Thomisus rhomboicus Hahn (Koch)
I. Fig. 83. Thanatus rhombicus Koch, Uebers. d. Arachn.
Syst. I. pag. 28.

6. Gattung Sparassus.

Sparassus virescens. Weib $7\frac{1}{2}'''$, Mann $5\frac{1}{2}'''$ lang.
Die ganze Spinne schön grün, durchscheinend, der Hinter-
leib etwas heller als der Vorderleib. Der Vorderleib breit
oval, der Hinterleib lang gestreckt oval. Der Rand des
Vorderleibes mit einem feinen gelblichen Streifen. Auf dem
Hinterleibe von der Basis bis etwa zur Mitte ein dunklerer
langkegelförmiger Fleck, nach hinten bis zum Ende als
feine Mittellinie verlängert. Bei dem erwachsenen Männ-
chen der Hinterleib gelb, oben mit drei rothen Längslinien.
— Recht häufig. Sie wohnt im Grase, in Wäldern und auf
Gebüschen. Im Mai und Juni reif; die Jungen kommen im
Juli aus. — Micrommata smaragdina Hahn (Koch) I.
Fig. 89. Sparassus virescens Koch XII. Fig. 1019.

Sparassus ornatus. Weib $4\frac{3}{4}'''$, Mann $4\frac{1}{4}'''$ lang. Gestalt wie Sp. virescens. Vorderleib blassgelb, mit fünf aus
rothen Staubpuncten zusammengesetzten Längsstreifen, der
mittelste vorne gespalten. Hinterleib grüngelb, auf dem
Rücken ein durchziehender Längsstreif apfelgrün, jederseits davon eine Längsreihe von verworrenen ungleichen
rothen Fleckchen, und neben dieser eine hellgelbe Längslinie; der übrige Theil des Rückens und die Seiten mit
rothen Fleckchen und Staubpünctchen besetzt. Taster,
Beine, Mandibeln und Bauch gelblich, roth bespritzt.
Koch XII. Fig. 1021. Sehr selten. Herr Menge hat im
Jeschkenthaler Wald bei Danzig ein erwachsenes Weibchen
und Männchen und vier Junge gefangen. Mir ist sie in
Preussen nicht vorgekommen. Bei Exemplaren, die ich
wohlerhalten durch Herrn Prof. Förster aus Aachen in
Spiritus erhielt, ist die rothe Farbe allmählich vollkommen
ausgezogen.

7. Gattung Sphasus.

Sphasus variegatus. Weib $5'''$, Mann $4\frac{3}{4}'''$ lang.
Vorderleib rostbraun, die Augengegend schwarz, die Seitenränder und mit ihnen hinten zusammenhängend ein breiter Mittelstreif rostgelblich oder weiss, der letztere seit-

wärts ausgebuchtet und vorne durch einen dunklen Längsfleck getheilt; auf der Stirn in der Mitte ein Längsfleck und
die Ecken gelblich oder weiss. — Der Hinterleib oval, vor
der Mitte am breitesten und etwas aufgetrieben; in den
Seiten schwarzbraun, das Rückenfeld rostbraun, in demselben vorne ein schwarzbrauner Keilfleck, der vorne gelblich gesäumt ist; in den Seiten vier gelbliche Schiefstreifen.
Der Bauch in der Mitte rostroth, von breiten gelben Streifen eingefasst. Beine bräunlich rostgelb, dunkelbraun geringelt. — Das Männchen dunkler gefärbt als das Weibchen; an dem dritten und vierten Tastergliede unten ein
etwas gebogenes Zähnchen. — Koch V. Fig. 403. Oxyo-
pes variegatus Hahn II. 121. Die Spinne ist selten. Herr
Menge hat davon im October 1849 ein Männchen auf der
Münde bei Danzig im Haidekraut, ich selbst im Juli 1861
drei Weibchen bei Albrechtsdorf unweit Bartenstein auf
Fichtengebüsch, und im Juli 1863, fünf Weibchen bei
Rauschen auf Haidekraut gefangen.

8. Gattung Episinus.

Episinus truncatus. Weib 2½‴, Mann 2‴ lang. Vorderleib breit elliptisch, etwas niedergedrückt, Kopf wenig
vorstehend. Hinterleib taschenförmig, vorne schmal, nach
hinten breiter, Hinterrand fast gerade abgestutzt, bis zur
Spitze des Leibes steil abfallend, die Hinterrandswinkel
scharfeckig vorstehend, der Vorderrand in der Mitte eingedrückt, die Schulterecken schmal; der Hinterleib oben abgeplattet, nach hinten an Dicke zunehmend. — Vorderleib
dunkelbraun, auf dem Kopfe drei Längsstriche, auf dem
Thorax zwei Längsstreifen, nach aussen davon zwei Fleckenreihen und feine Randlinien gelb, oft sehr undeutlich. —
Hinterleib: die obere Fläche röthlich-staubig dunkelbraun
oder graubraun, an den Seiten und am Hinterrande von
einer weissen Zackenlinie eingefasst; die Seiten und der
Bauch gelblich mit röthlicher, brauner oder grauer staubi-
ger Mischung; ebenso der hintere Abhang, und auf demselben gegeneinander liegende braune kleine Schiefbogen,
oft undeutlich. Beine gelblich, dunkelbraun geringelt. —
Koch XI. Fig. 958, 959. Sie hält sich im Grase, auf

Haidekraut, Gebüsch u. s. w. auf; im Juli sind die Männchen reif. Herr Menge hat bei Danzig (Johannisberg, Münde, Westerplatte) zwölf Exemplare gefangen, ich nur zwei bei Rauschen.

9. Gattung Mithras.

Mithras paradoxus. Weib 2¾′′′, Mann 2′′′ lang. Vorderleib klein, länglichrund, etwas niedergedrückt, an jeder Seite ein Höcker; erdfarbig gelblich, braun-, gelb- und schwarzstaubig gemischt. Hinterleib dick, von den Seiten zusammengedrückt, hoch gebuckelt, auf dem Gipfel jederseits eine vorragende Ecke bildend; Seitenflächen schwarz, braunfleckig, vorn ein weisser Fleck; Rückenfläche röthlich staubig mit einer dunkleren Mittellinie, der Quere nach von Wellenlinien durchzogen, die auf dem vordern Abhange schwarz, auf dem hintern braun sind. Beine und Taster schwarz, Fersen- und Tarsen gelbroth. Deutlich sieht man nur sechs Augen; aber noch zwei ganz kleine und unter den Haaren versteckte Augen stehen von den beiden Vorderaugen seitwärts etwas nach hinten. — Im Herbste findet man sie in reifem Zustande in grossen Nadelholzwaldungen. Sehr selten. Ich fing zwei reife Weibchen im Walde der königl. Wilkie bei Königsberg. — Koch XII. Fig. 1023, 1024.

VII. Familie Lycosides, Wolfsspinnen.

Uebersicht der Gattungen.

A. Fussklauen mit einer Afterkralle.
a. Afterkralle mit 1 bis 2 Zähnen.
  1. Gattung **Dolomedes.** Vordere Kopffläche schräg abgedacht. Augen der vordern Reihe klein, gleich gross, etwas hoch über dem Vorderrande des Kopfes, die Reihe wenig gebogen; die vier hintern Augen gross, bilden ein kurzes Trapez, die beiden vordern Augen desselben nahe beisammen

und die grössten, die beiden hintern doppelt so
weit von einander und kleiner als jene (Fig. 40).
Afterkralle mit zwei langen krummen Zähnen.
Charakterzeichnung: ein heller weisser oder gelber Bandstreif an den Seiten des Vorder- und Hinterleibes auf dunklem, sammetartigem Grunde.
Sie lieben Sümpfe und Gewässer in waldigen Gegenden. Die Weibchen schliessen ihre Eier in
einen grossen kugelrunden, etwas lockeren und
rauhen weissen Cocon.

2. Gattung **Ocyale.** Vordere Kopffläche ziemlich
hoch, steil, die Seitenkanten leistenförmig. Die
Augen der vordern Reihe hoch über dem Vorderrande des Kopfes, die Reihe etwas gebogen, mittelmässig gross, die äussern etwas grösser als die
mittleren, nahe beisammen; die hintern stehen
in einem kurzen Trapez, das hintere Paar desselben weit auseinander, das vordere Paar nahe beisammen und etwas grösser als das hintere, alle
vier nur wenig grösser als die Voderaugen (Fig.
41). Afterkralle mit zwei langen krummen Zähnen. Charakterzeichnung nicht constant; oft er-
loschene staubige Längszüge und Bogenflecken auf
dem Rücken des Hinterleibes. Cocon sehr gross,
kugelrund, anfangs weiss, später gelblich. Sie
lieben lichte und feuchte Stellen in Waldungen.

3. Gattung **Potamia.** Kopf breit und niedrig, Abdachung der Vorderseite geneigt, breit, gerundet.
Die Augen der vordern Reihe nahe über dem Vorderrande, klein, gleichgross, ziemlich weit auseinander stehend, die Reihe fast gerade; die vier
Scheitelaugen in ein breites und kurzes Trapez gestellt, dessen zwei vordere Augen gross und schief
vorwärts sehend, die zwei hintern etwas kleiner
und seitwärts sehend (Fig. 42). Afterkralle mit
einem kleinen scharfen Zahn. Charakterzeichnung:
silberweisse Haarstreifen an den Seiten des Thorax
und Hinterleibes, weisse Fleckenreihen auf dem
Hinterleibe. Cocon kugelrund, reinweiss. Sie leben
an und auf stehendem Wasser, über das sie laufen.

b. Afterkralle kurz hakenförmig, ungezahnt (nur Leimonia hat theilweise noch ein ganz kleines
   Zähnchen).

4. Gattung **Leimonia.** Kopf ziemlich breit, mässig
   hoch, vorn fast senkrecht abgedacht und der Quere
   nach abgerundet. Die vordere Augenreihe kurz
   und gerade, ziemlich in der Mitte zwischen Vorderrand und vordern Scheitelaugen, die Augen
   sehr klein; die vier Scheitelaugen bilden ein etwas
   kurzes Trapez, darin die zwei vordern Augen
   gross und vorwärts sehend, die zwei hintern kaum
   halb so gross und seitwärts sehend (Fig. 43).
   Afterkralle bei L. paludicola und pullata mit
   einem sehr kleinen Zähnchen, bei L. riparia ungezahnt. Die Charakterzeichnung meistens ver-
   düstert; auf dem Vorderleibe ein hellerer Rückenstreif und Seiteneinfassungen, auf dem Hinterleibe
   ein Spiessfleck auf der Vorderhälfte, über den
   Seiten ein dunkler Staubstreif mit noch dunkleren
   Flecken und weissen Puncten. Beine eng und
   zackig geringelt, mit vielen abstehenden Stacheln
   besetzt. Cocon gross, linsenförmig, anfangs dunkel olivenfarbig, später heller, endlich gelbbräunlich, stets mit weisser Naht. Sie tragen ihn an den
   Spinnwarzen angeheftet. Sie lieben nasse Stellen
   sumpfiger Wiesen u. s. w.

5. Gattung **Pardosa.** Der Kopf schmal, vorn hoch
   abgedacht. Die vordern Augen wie bei Leimonia,
   das Trapez der Scheitelaugen aber länger, die
   Grösse derselben wie bei Leimonia (Fig. 44).
   Charakterzeichnungen wie bei Leimonia, doch
   meistens reiner und schärfer ausgeprägt. Cocon
   wie bei Leimonia. Afterkralle ungezähnt. Sie lieben trockene Felder und offene sonnige Waldstellen.

6. Gattung **Tarantula.** Die vordere Kopffläche steil
   abgedacht, auf derselben ziemlich hoch über dem
   Vorderrande die vordere Augenreihe auf einer
   Querschwiele; die Augen dieser Reihe sehr klein
   und ziemlich gleichgross; die Reihe reicht nicht

über die vordern Scheitelaugen hinaus, und ist
sehr schwach vorwärts gebogen. Die Scheitelaugen
bilden ein Trapez, darin die vordern gross und
vorwärts sehend, die hintern kleiner und seitwärts
sehend (Fig. 45). Afterkralle ungezahnt. Charakterzeichnung : meistens drei hellfarbige Längsbänder auf dem Vorderleibe, auf dem Hinterleibe
zwischen den staubig verdunkelten Seiten des
Rückens schwarze oder dunkelfarbige Mondfleckchen hinter einander, oft verwischt, oder statt
ihrer ein kegel- oder spindelförmiger Längsfleck ;
der Bauch oft schwarz; meistens unten an den
Schienbeinen dunkelfarbige Halbringe. Cocon kugelrund, klein, an den Spinnwarzen befestigt. Sie
lieben trockene, sonnige Stellen.

7. Gattung **Trochosa.** Kopf dickbackig, breit, nicht
sehr hoch, die Vorderfläche rund abgedacht. Die
Augen der vordern Reihe klein, die zwei mittleren etwas grösser als die zur Seite, die Reihe
schwach gebogen, nicht hoch über dem Vorderrande, reicht wenig über die Breite der vordern
Scheitelaugen hinaus ; die Scheitelaugen in einem
etwas kurzen Trapez, gross, die zwei vorderen
grösser als die hintern (Fig. 46). Afterkralle
ohne Zähne. Charakterzeichnung : auf dem Vorderleibe drei hellfarbige Längsbänder ; Hinterleib
oft ohne Zeichnungen, doch fehlt selten ein hellfarbiger spiessförmiger Strich auf dem vordern
Theile. Cocon kugelrund, rein weiss, wird zwischen den Hinterbeinen getragen. Sie lieben
trockene Gegenden, leben in unterirdischen
Schlupfwinkeln und gehen gerne bei Nacht aus.

8. Gattung **Arctosa.** Kopfbildung, Augenstellung
wie bei Trochosa, nur sind die Scheitelaugen verhältnissmässig kleiner als bei dieser, und die
Augen der Vorderreihe näher dem Vorderrande
(Fig. 47). Afterkralle ungezahnt. Charakterzeichnung : Körper wie bestäubt ; auf dem Vorderleibe zwei übereinander liegende gebogene,
wellige, bisweilen zusammengeflossene dunkel-

farbige Längsstreifen an den Seiten hinziehend; auf dem Hinterleibe dunklere Staubflecken und Längsreihen weisser Flecken. Beine vielfleckig. Sie wohnen an den sandigen Ufern des Meeres, der Seen und Flüsse. Sie gehen nur nach Sonnenuntergang aus, graben sich Erdhöhlen, worin sie ihre weissen kugelförmigen Cocons aufbewahren.

B. Fussklauen ohne Afterkralle; die Hauptkrallen dünn und schlank, mit kurzen Zähnen, die äussere mit 4, die innere mit 7 : weibliche Tasterkralle mit 3 Zähnchen; vor den Fussklauen Federhaarbüschel.

9. Gattung **Zora**. Kopf schmal. Die Augen der vordern Reihe klein, nahe über dem Vorderrande, in schwach gebogener Linie, nahe bei einander; die Scheitelaugen grösser, bilden ein sehr kurzes Trapez, oder fast einen Halbkreis (Fig. 48). Charakterzeichnung: zwei Längsbänder auf dem Vorderleib und Staubstreifen auf dem Hinterleibe auf hellem Grunde. Das Weibchen spinnt die Eier in einen lockern Cocon, befestigt denselben unten an einem Steine und bewacht ihn hier. Sie leben verborgen unter niedern Kräutern, Steinen u. s. w. Die Gattung Zora bildet einen natürlichen Uebergang von den Lycosides zu den Drassides.

1. Gattung Dolomedes.

Dolomedes fimbriatus. Weib bis 13''', Mann 5''' lang. Der ganze Körper oben olivenbraun, ein breiter Seitenstreif am Vorder- und Hinterleibe gelb oder weiss. Auf dem olivenbraunen Mittelfelde des Hinterleibes gewöhnlich vier Reihen silberweisser Puncte, nämlich die beiden äussern Reihen reichen von der Basis bis zur Spitze und haben je 7 deutlichere Puncte, die beiden innern Reihen beschränken sich auf den hintern Theil des Hinterleibes, haben je 3 bis 4 oft undeutliche Puncte; bisweilen fehlen die Puncte ganz. Brust gelb, braun gerandet. Bauch grau und schwarz gestreift. Beine gelblich, mit schwarzen Puncten und Stacheln. — Die jungen Spinnen habe ich im Juni zu hunderten gefangen auf Gesträuch in sumpfigen, besonders waldi-

gen Gegenden, z. B. bei Dammhof u. a. O. Die ausgewachsenen sind selten. Ich besitze ein Weibchen von reich-
lich 13''', ein reifes Männchen von 5''' Länge. — Sie läuft
schnell über die Oberfläche des Wassers. Das Weibchen
hängt ihre kugelförmigen weissen Cocons an irgend einen
Halm, und bewacht ihn. — Koch XIV. Fig. 1352, 1353.
Hahn I. Fig. 10.

Dolomedes plantarius. Weib 5¾''', Mann 5''' lang.
Vorderleib olivengrün, die Ränder des Thorax bräunlich
verdunkelt und darauf weisse Härchen als Spur eines
weissen Längsstreifen, auch in der Mittellinie sparsam
weisse Härchen. Hinterleib oben olivenbraun, an den Seiten mit weissen Härchen wie bepudert; auf dem Mittelfelde vorn drei Paar schön weisse, schwarz eingefasste
Puncte, und hinter diesen vier Punctreihen, nämlich zwei
von je 4 grössern Puncten weiter nach aussen gerückt als
die vordern, und innerhalb derselben zwei Reihen kleinerer Pünctchen. Bauch grau mit bräunlichen Längsstreifen.
Brust gelblich, am Rande braun verdunkelt. Beine durchscheinend grünlich olivenfarbig, mit schwarzen Pünctchen
und Stacheln. Lebensweise wie bei der vorigen. — Diese
Spinne ist selten; Herr Menge hat davon zwei Weibchen
am Heubuder See bei Danzig, ich ein reifes Männchen und
Weibchen den 18. Juni am Wirrgraben bei Dammhof gefangen. — Koch hält sie für identisch mit D. fimbriatus,
aber dass sie eine eigene Art ist, geht namentlich auch
daraus hervor, dass der Vorderleib bei dieser flacher und
der Thorax auffallend breiter ist als bei D. fimbriatus. —
Hahn II. Fig. 149.

2. Gattung Ocyale.

Ocyale mirabilis. Weib 7''', Mann 5''' lang. Vorderleib breit, die Vorderfläche des Kopfes steil abfallend, fast
dreikantig; Hinterleib langgestreckt, ei-kegelförmig. Vorderleib gelblichbraun, oben ins Brandbraune; ein Mittelstreif schmal spindelförmig, vorne zur feinen Linie werdend, gelblich; zwei kurze Linien von den Hinteraugen
rückwärts über den Kopf, sich einwärts krümmend, so wie
die Seitenränder des Thorax gelblichweiss; die scharfen

Seitenkanten der vordern Kopffläche schön weiss. — Das
Rückenfeld des Hinterleibes wellenrandig, weiss gesäumt,
am Rande braun, in der Mitte erdfarbig gelblich und darin
vorne zwei kurze weisse Längslinien, hinter welchen bisweilen paarweise, schiefliegende braune Laubfleckchen.
Das Rückenfeld von breiten gelblichen Seitenstreifen eingefasst, darunter die Seiten dunkel olivenbraun, nach dem
Bauche zu heller. Taster hell bräunlich, braun geringelt.
Beine erdbraun, gegen die Spitze der Glieder dunkler. —
Koch XIV. Fig. 1346. Hahn II. Fig. 120. Die Spinne
ist ziemlich· häufig in Vorwäldern, Gebüsch, auf Haidekraut u. s. w. Das Weibchen macht an Sträuchern ein
glockenförmiges Nest, und verlässt es, nachdem es Eier
gelegt, nur gezwungen. Die Jungen halten sich darin die
ersten Tage auf, dann spinnen sie um die Wohnung der
Mutter unregelmässige Fäden, und zerstreuen sich endlich.
Ende Juli habe ich die junge Brut noch im Neste der Mutter, oder im Begriffe sich zu zerstreuen gefunden in der
Kaporner Haide, bei Rauschen u. s. w. — Ocyale rufofa-
sciata Koch XIV. Fig. 1347 ist mit dieser Spinne ohne
Zweifel identisch.

Ocyale marina. Weib 6½′′′ lang. Gestalt wie die
vorige. Vorderleib graubraun, an den Backen heller ins
Weissliche übergehend, in der Mitte ein ockergelber Längsstreif, die Seitenkanten weisslich. Der Hinterleib graubraun, in den Seiten verloren heller, aufs Ockergelbliche
ziehend. Bauch unrein ockergelblich weiss, Brust ockergelblich. Hüften röthlichgelb, unten braun; Beine rothbraun, Schenkel und Schienbeine unten, so wie Fersen
und Tarsen schwarzbraun. Taster bräunlichgelb, Spitzen
der Glieder braun. Nach Koch ist die Augenstellung etwas
anders als bei O. mirabilis; nämlich die Augen der vordern
Reihe mehr genähert, und die zwei mittleren dieser Reihe
grösser; die zwei mittleren der hintern Reihe ebenfalls
näher beisammen und mit den zwei mittleren der vordern
Reihe ziemlich ein längliches Viereck bildend, doch stehen
die zwei der hintern Reihe etwas weniger weit auseinander.
Koch XIV. Fig. 1348. — Sehr selten. Koch erhielt
durch Dr. Schuch von dieser Spinne sechs Weibchen
aus Griechenland, und Herr Menge hat ein Weibchen am

Johannisberge bei Danzig gefangen. Das Männchen ist
noch unbekannt. Ob O. murina wirklich eine selbständige
Art, oder Varietät von O. mirabilis sei, muss ich für jetzt
dahingestellt sein lassen.

3. Gattung Potamia.

Potamia piratica. Weib bis 3¾''', Mann 2½''' lang.
Vorderleib olivenbraun : ein Mittelstreif, vorne dreiarmig
getheilt, gelblich ; breite Randstreifen schön weiss, vorne
und hinten zugespitzt, nicht ausgezackt. Hinterleib in den
Seiten schön silberweiss schimmernd; das Mittelfeld
schwarzbraun, darin vorne ein Spiessfleck olivengelb mit
feiner silberweisser Einfassung, und jederseits eine Längsreihe von je sechs weissen Puncten, deren zweiter am grössten. Beine blass grünlich rauchgrau, von den Knieen an
dunkler, aufs Ockergelbe ziehend, ungefleckt. Brust einfarbig bräunlichgelb. Bauch aschgrau, weiss schimmernd.
K o c h XV. Fig. 1413, 1414. Häufig. Sie lebt an Gewässern, läuft schnell über die Oberfläche des Wassers,
kann aber nicht im Wasser schwimmen. Die Männchen
haben im Juni reife Taster, und die Weibchen tragen schon
Mitte Juni ihre Cocons und Ende des Monats sind die Jungen ausgekommen, die die Mutter auf dem Rücken trägt.

Potamia piscatoria. Weib 2¾''', Mann 2½''' lang.
Vorderleib schwarzbraun ; ein Mittelstreif, vorne dreiarmig
getheilt, und jederseits nahe dem Rande ein an der innern
Seite gezackter, hinten einwärts gebogener Längsstreif olivengelb; die Kanten fein weiss. Hinterleib schwarzbraun,
aufs Olivengrüne ziehend; oben vorne ein Spiessfleck ockergelb, fein schwarz eingefasst; dahinter zwei Reihen ockergelber Schiefleckchen, bei alten Thieren undeutlich, und
in diesen zwei Reihen von je 5 weissen Puncten, das letzte
Paar derselben, unmittelbar über den Spinnwarzen, am
grössten. Die Seiten des Hinterleibes mit ockergelben
Fleckchen gemischt und mit weissen Spritzfleckchen. Beine
olivenfarbig, von den Knien an rostroth, schwarz geringelt.
Bauch olivengraulich. Brust braun, in der Mitte ein gelber
Längsstreif. K o c h XV. Fig. 1417, 1418, 1419. Häufig.
Sie wohnt in der Nähe von Gewässern. Mitte Juni bis Juli

tragen die Weibchen ihre Cocons, die fast kugelrund und schön weiss sind, mit noch weisserer feiner Naht.

Potamia palustris. Weib 2''', Mann 1½''' lang. Vorderleib dunkel pechbraun, fast schwarz, glänzend; auf dem Thorax hinten ein Längsstreifchen gelblich, die Seitenkanten schmal weiss. Hinterleib dunkel olivenbraun, mit gelblichen Härchen gemischt; über der Wurzel ein Fleck schwarz, dahinter die Spur eines spiessförmigen Längsfleckes heller; jederseits eine Längsreihe von reinweissen Puncten; in den Seiten die Grundfarbe heller und darin zerstreute weisse Fleckchen. Beine gelblich, mit schwachen braungrauen Ringen an Schenkeln, Knieen und Schienbeinen. Brust pechbräunlich. Bauch olivengelblich, mit weisslichem Schimmer und drei undeutlichen braunen Längsstreifen. Koch XV. Fig. 1415, 1416. Häufig. Sie lebt an sumpfigen Stellen, in der Nähe von Gewässer. Ende Mai und Anfang Juni haben die Männchen reife Taster und tragen die Weibchen ihre Cocons, die ziemlich kugelrund, etwas eckig, röthlichweiss mit reinweisser Naht sind.

4. Gattung Leimonia.

Leimonia paludicola. Weib 3—3¾''', Mann 2—2½''' lang. Mit etwas rauhen Haarschuppen besetzt. Vorderleib schwarzbraun, mit grauen und bräunlichgelben Haarschuppen gemischt; in der Mitte ein breiter, hinten schmälerer, am Hinterkopf eingeschnürter Längsstreif, und Seitenstreifen graugelblich, die letztern von einem braunen Schattenstreifen der Länge nach durchzogen, oft in Fleckenreihen aufgelöst. — Hinterleib schwarz und graugelblich gemischt; über der Einlenkung ein schwarzer Gabelfleck, in dessen Winkel ein weisses Haarbüschel, und zwischen den Gabelarmen ein meistens undeutlicher, hellerer, spiessförmiger Fleck, schwarz eingefasst; dahinter zwei Längsstreifen oder Fleckenreihen schwarz, in jedem sechs weisse Puncte hintereinander, selten ganz erloschen; bisweilen hinter dem Spiessfleck in der Mitte zwei Reihen gegen einander liegender hellerer Schieffleckchen, oder auch noch mehrere Reihen schwarzer Fleckchen. Bauch sammetartig graugelblich. — Beine und Taster röthlichgelb, dicht schwarz geringelt; auf den Hüften ein grosser Fleck, an den Schenkeln vier gezackte, oben zum Theil durchbrochene Ringe, an den Knieen einer, an den Schienbeinen und Fersen drei Ringe, die Spitze der Tarsen bräunlich. — Das Männchen dunkler; an den Beinen die vordern schwarzen Ringe der Schenkel bisweilen zusammengeflossen, die folgenden nur als Flecken sichtbar, die Ringe an den Schienbeinen fehlen bisweilen, die an den Fersen immer. — Der Cocon dick linsenförmig, olivengelblich grau mit breiter weisser Naht. Koch XV. Fig. 1421, 1422.

Sehr häufig. Sie lebt gerne in Sümpfen oder am Wasser. Anfang Juni sind die Männchen reif, Ende Juni tragen die Weibchen ihren Cocon.

Leimonia riparia. Weib $2\frac{1}{2}$—$2\frac{3}{4}'''$, Mann $2\frac{1}{4}'''$ lang. Vorderleib braunschwarz, am Kopfe vorn mit gelblichen Härchen gemischt; ein feiner spindelförmiger Mittelstreif weiss, vorne ins Gelbliche übergehend, zwischen den Augen fein ausspitzend; eine breite Seiteneinfassung gelblichweiss, von einem dunkleren Staubzuge der Länge nach durchzogen. — Hinterleib staubig dunkelbraun, mit gelblichen Härchen gemischt; über der Einlenkung ein schwarzer Gabelfleck, in seinem Winkel ein weisses Haarbüschel, zwischen seinen Armen ein Spiessfleck hellbraun mit schwarzer Einfassung, oft sehr undeutlich, und als Verlängerung der Arme des Gabelflecks zwei Längsstreifen schwarz, in jedem derselben eine Reihe weisser Punctfleckchen, und meistens zwischen denselben noch weisse Verbindungs-Querfleckchen oder Querstrichchen. Bauch weissröthlich. — Beine röthlichgelb, mit deutlichen schwarzen Ringen; an den Schenkeln vier zackige Ringe, unten mit breiter, oben mit schmaler Unterbrechung, der zweite und vierte am breitesten; an den Knieen ein Ring; an den Schienbeinen der Vorderbeine zwei breite Ringe; an den hintern Beinen in vier aufgelöst; an den Fersen drei undeutliche Ringe. Cocon wie bei L. paludicola, nur kleiner. Die Männchen dunkler, bisweilen fast ganz schwarz. Koch XV. Fig. 1435, 1436. Häufig an Flussufern und andern feuchten Stellen.

Leimonia pullata. Weib $2\frac{1}{4}'''$, Mann $2'''$ lang. Der L. paludicola ähnlich, stets kleiner. Vorderleib braunschwarz

oder schwarz; in der Mitte ein Längsstreif von gelbbräunlichen Härchen, vorne so breit als die Kopffläche zwischen
den Hinteraugen, nach hinten schmäler und mit einem
weissen Lichtfleckchen; breite gelbbräunliche Seitenstreifen
von Härchen. — Hinterleib gelblichbraun, mit schwarzen
Härchen gemischt; über der Einlenkung ein Gabelfleck
schwarz, in dessen Winkel ein weisses Haarfleckchen, zwischen seinen Armen ein hellerer Spiessfleck, meistens sehr
undeutlich; dahinter zwei schwarze, staubig gemischte
Längsstreifen, und in jedem eine Reihe weisser Puncte,
nicht immer deutlich. Bauch grauweiss-röthlich. — Die
Beine zeigen auf der Unterseite kaum eine Spur von Flecken;
auf der Oberseite aber sind an den Schenkeln vier Ringflecken, die beiden mittelsten breiter, an der Spitze der
Kniee, sowie am Grunde und an der Spitze der Schienbeine
einer meistens undeutlich. — Das Männchen dunkler; an
den Schenkeln meistens nur am Grunde jederseits ein
breiter russig schwarzbrauner Fleck, auf der Vorderfläche
deutlicher als auf der Hinterfläche, die übrigen Glieder ungefleckt. — Cocon plattgedrückt, olivengrünbräunlich, die
Naht aufs Bläuliche ziehend. Koch XV. Fig. 1431,
1432, 1433.

Häufig an feuchten Stellen. Im Juni und Juli tragen
die Weibchen ihre Cocons. Auffallend träge in ihren Be-
wegungen, besonders wenn sie den Cocon trägt.

Leimonia fumigata. Weib 3—3¾‴, Mann 2—2 ½‴
lang. Vorder- und Hinterleib oben rauchschwarz oder
staubig schwarzbraun, mit ockergelblichen Härchen gemischt. Auf dem Vorderleibe ein Mittelstreif und Seitenstreifen von ockergelblichen Härchen gebildet, oft undeutlich. — Auf dem Hinterleibe über der Einlenkung ein
meistens gelblich gesäumter Gabelfleck schwarz, in seinem
Winkel, sowie jederseits an den Schultern ein kleines
Fleckchen weiss; auf der Hinterhälfte vier Paar Pünctchen
weisslich, durch hellere bogige Querstriche verbunden; die
Seiten mehr bräunlich und gelblich gemischt, zum Theil
weisslich gepünctelt, der Bauch braungelblich. — Beine
röthlich ockergelb; die Schenkel unten schwarz und auf der
Oberseite vier Ringflecke schwarz, die übrigen Glieder
dicht schwarz geringelt. — Das Männchen dunkler, oft

ohne jede Zeichnung ausser den drei weissen Fleckchen
über der Einlenkung des Hinterleibes. Die Wurzel der
Schenkel sowie ein Streif auf der Ober- und Unterseite
schwarz. — Der Cocon gross, bläulichbraun, mit breitem
weissem Rande an der Naht. Koch XV. Fig. 1425, 1426.
Häufig. Lebt gerne an Gewässern oder auf sumpfigen,
nassen Wiesen. Im Juni sind die Männchen reif, im Juli
tragen die Weibchen Cocons.

5. Gattung Pardosa.

Pardosa arenaria. Weib 3¼''', Mann 2½''' lang.
Vorderleib braun, in der Mitte ein spiessförmiger Rückenstreif (d. h. vor der Rückengrube verschmälert, dann am
Hinterkopf der Quere nach erweitert, und davor bis zwischen die vordern Mittelaugen spitz auslaufend), und ein
breites um den Vorderrand laufendes Seitenband gelblich
weiss, das letztere oft durch einen bräunlichen Längsschat-
ten getrübt. Hinterleib staubig gelbbräunlich; jederseits
ein aus schiefliegenden schwarzen Flecken bestehender
Längsstreif vom Vorderrande bis zu den Spinnwarzen, und
darin eine Reihe weisser Punctfleckchen, der Raum zwischen beiden Streifen hellerdgelblich, darin in der vordern
Hälfte ein schwarz gesäumter Spiessfleck, in der hintern
Hälfte oft hintereinander liegende schwarze Querflecken.
Seiten und Bauch verloren weiss. Beine hellgelblich, braun
geringelt, die Ringe gezackt, unterbrochen, unten meistens
unvollständig, an den Schenkeln und Schienbeinen vier,
an den Fersen drei, an den Spitzen der Tarsen einer, die
an den Schienbeinen und Tarsen oft undeutlich, namentlich bei den Männchen. — Cocons olivengrün, mit dunklerem blaugrünem Rande. — Koch XV. Fig. 1441, 1442.
Ziemlich häufig. Ende Mai reife Männchen und Weibchen.
Ich habe sie meistens in der Nähe von Gewässer gefunden.

Pardosa monticola. Weib 3—3¼''', Mann 2—2¾'''
lang. Vorderleib braun; ein schmaler spindelförmiger
Längsstreif in der Mitte, zwischen den Voraugen fein
auslaufend, und ein breites um den Vorderrand laufendes
Seitenband gelblich, mit weissen Härchen gemischt, das
letztere nahe dem Rande von einem schmalen braunen

Längsstreifen durchzogen, der aber oft fehlt. — Hinterleib staubig bräunlich-, oder gelblichgrau; jederseits ein aus schiefliegenden schwarzen Flecken bestehender Längsstreif vom Vorderrande bis zu den Spinnwarzen, und darin eine Reihe von meistens sechs weissen Punctfleckchen; zwischen beiden Streifen vorne der gewöhnliche, schwarz gesäumte Spiessfleck, auf der hintern Hälfte meistens abwechselnd hellere und dunklere Bogenstrichchen der Quere nach. Seiten und Bauch grauweisslich. — Beine hellgelb oder grünlichgelb; auf den Schenkeln nur oben Ansätze zu vier Ringen, jeder aus drei schwarzen Längsflecken neben einander bestehend, und an den Vorderbeinen auf der Vorderfläche ein schwarzer Längsstreif; die Unterseite der Schenkel, so wie die folgenden Glieder zeigen kaum eine Spur von Ringen, die Cocons ziemlich gross, dick linsenförmig, gelbbräunlich mit weisslichem Rande und bläulichgrauer Naht. — Koch XV. Fig. 1445 — 1449.

Häufig auf sonnigen Feldern und Haiden, trockenen Wiesen, an Waldsäumen u. s. w. Im Mai und Juni die Männchen reif, Ende Juni tragen die Weibchen ihre Cocons.

Pardosa saccata. Weib 2⅗''', Mann 2½''' lang. Vorderleib braungrau, aufs Olivenbraune ziehend, mit dunklern Härchen gemischt; in der Mitte auf dem Brustrücken ein spindelförmiges Längsfleckchen hellockergelb, an den Seiten bisweilen undeutliche Spuren einer Randlinie von helleren Härchen. — Hinterleib bräunlichgrau aufs Olivenfarbige ziehend, in den Seiten weisslich gemischt, der Bauch grau mit weisslichem Schimmer; über der Einlenkung ein kurzer Gabelfleck, in dessen Winkel ein Fleckchen weiss, und hinter diesem auf der Vorderhälfte drei oder vier Paare kleiner Punctfleckchen schwarz, ein helleres Längsfleckchen einschliessend; auf der Hinterhälfte zwei Reihen schwarzer Fleckchen, hinter jedem ein weisses Wischchen, und zwischen diesen meistens weisse Bogenstrichchen der Quere nach. Die Spinnwarzen gelblich, mit weissen Härchen an der Spitze. Taster und Beine blass bräunlichgelb, alle Glieder braun geringelt. das Tarsenglied nur an der Spitze braun. Die Cocons dick linsenförmig,

ziemlich gross, graublau, an der Randnaht kaum ein wenig
dunkler. — Koch XV. Fig. 1451, 1452.
Selten. Herr Menge hat vier junge Exemplare bei
Kahlbude an der Radaune, und eins bei Karthaus gefan-
gen; ich habe sie nie gefunden. Im Mai reife Männchen,
Ende Mai tragen die Weibchen Cocons. Sie lebt gerne in
Feldern nahe bei bewohnten Häusern, vorzüglich in Gärten
von warmer Lage.

6. Gattung Tarantula.

Tarantula fabrilis. Weib 6 — 7′′′, Mann 4½ — 5½′′′
lang. Vorderleib rostgelb, weiss bestaubt; jederseits auf
dem Thorax ein breites Längsband dunkelbraun, vom Hinterrande bis zur Scheidungsfalte des Kopfes, vorne und
hinten spitz auslaufend, an den Spitzen schwarz, meistens
noch durch dunkle Strahlenstriche in vier Felder getheilt.
— Hinterleib oben staubig graugelb; über der Einlenkung
ein stumpfwinkliger Gabelfleck schwarz; auf der Vorderhälfte in der Mitte ein grosser schwarzer Spiessfleck, weiss
oder gelb gesäumt, in seiner Mitte und am Hinterende in
seitwärts geschwungene Arme auslaufend; dahinter auf der
Hinterhälfte drei bis vier geschwungene braune, hinten
weiss angelegte Bogenlinien; diese sowie die Seitenarme
des Spiessfleckes endigen seitwärts jeder in ein weisses,
vorne schwarz angelegtes Fleckchen, welche also zwei
Reihen in dunklerem Längszuge bilden. — Der Bauch bei
ausgewachsenen Thieren ganz schwarz, bei jungen bräunlich gelb. — Beine bräunlich gelb, die Schenkel an den
Seiten und oben gewöhnlich mit unterbrochenen braunen
oder schwarzen Längsflecken; oft auch Schenkel, Schienbeine und Fersen, besonders der Hinterbeine dunkel geringelt. — Koch XIV. Fig. 1389—1392. Lycosa melano-
gaster Hahn I. Fig. 76. Ziemlich häufig, auf trockenen
Angern, Haideflächen, an Nadelholzwaldungen u. s. w.
Sie wohnt in Löchern unter der Erde oder unter Steinen,
und läuft nur in den warmen Tagesstunden umher. Im
Mai sind die Männchen reif, im Juni tragen die Weibchen
Cocons.

Tarantula inquilina. Weib 4½—5‴, Mann 3½—3¾‴
lang. Vorderleib erdfarbig gelblich ; am Thorax vom Hinterrande bis zu der Scheidungsfalte des Kopfes jederseits
ein breiter Längsstreif bräunlich, oben und unten durch
braune Flecken schärfer begrenzt; an den Seiten des Kopfes
über der Einlenkung der Taster ein halbrunder glänzender
Fleck braunschwarz; die Grundfarbe bildet auf dem Rücken
ein ungleich breites Längsband, in den Seiten breite Randstreifen, von einem staubbraunen Streifen der Länge nach
durchzogen. — Hinterleib erdfarbig graugelblich; vorn
über der Einlenkung ein Gabelfleck schwarz, jederseits ein
gelblichweisses Fleckchen, und die Ausbuchtung mit weissem Saume: dahinter gegeneinander liegende Bogenstriche
schwarz, die vier vordern getrennt, die übrigen zu Winkel-
strichen vereinigt, hinten fein weiss angelegt, und an jedem
seitwärts ein fast mondförmiges Fleckchen schwarz, in dessen hinterer hohlen Seite ein weisses Fleckchen, so dass
dieselben zwei Längsreihen schwarzer und weisser Fleckchen in verloren dunkleren staubbraunen Längsstreifen
bilden; zwischen den vordern Bogenstreifen ein seitwärts
eckiger Längsstreif graubraun. Die Seiten mit braunen und
gelblichen Fleckchen gemischt. Der Bauch erdfarbig gelblich, sammetschimmernd. Beine rostgelb; an der Innenseite der Schenkel der vier Vorderbeine unten ein Längsfleck, und zwei Ringe vor der Spitze schwarz, alle übrigen
Glieder schwarz geringelt; an den Schienbeinen zwei, an
den Fersen drei Ringe, die Tarsen rostroth mit schwarzer
Spitze. — Die Männchen sind weniger scharf gezeichnet.
Die Beine graubräunlich, die Schenkel der zwei Vorderbeine unten, und ein Seitenfleck an denen des zweiten
Paares schwarz. — Koch XIV. Fig. 1387, 1388.

Schon Ende April haben die Männchen reife Taster,
im Mai und Juni erscheinen die Weibchen mit ihren Cocons. Diese sind reinweiss, ziemlich gross und kugelförmig.
Herr Menge hat von dieser Spinne 15 Exemplare am
Johannisberge und Bischofsberge bei Danzig gefangen, mir
ist sie noch nie vorgekommen. Wäre Herr Menge nicht
ein so ausgezeichneter und gründlicher Beobachter, so
würde ich vermuthen, dass er junge Exemplare von T. ia-
brilis für T. inquilina gehalten.

Tarantula taeniata. Weib 5''', Mann 3¾''' lang. Vorderleib des Weibchens braun, des Männchens schwarz; bei beiden in der Mitte ein breiter und gleichbreiter Längsstreif reinweiss, beim Männchen vorne an der Kopfspitze bräunlich angelaufen, die Seitenkanten weisslich. — Hinterleib oben beim W. dunkel staubbraun, beim M. schwarz; in der Mitte ein lanzettförmiger durchziehender Längsstreif weiss staubig, und in diesem vorne eine spiessförmige Figur bräunlich; die Seiten beim W. gelblichweiss, beim M. weiss. Bauch weisslich, Brust schwarz. Taster des W. bräunlichgelb mit braunem Endgliede, des M. schwarz. Beine des W. bräunlichgelb, Kniee und Schienbeine der zwei Vorderpaare dunkler, an den Seiten der Schenkel ein Längsfleck und vor der Spitze ein Schattenfleck braun; beim M. Hüften, Schenkel, Kniee und Schienbeine der vier Vorderbeine braunschwarz, der Hinterbeine rostbraun, die übrigen Glieder rostgelb. — Die Cocons sind kugelrund, rein weiss, anfänglich an der Naht mit himmelblauem Anflug. Koch XIV. Fig. 1396, 1397.

Sie wohnt gerne und häufig in grössern Waldungen, besonders Nadelholz u. s. w. Im Juni sind die Männchen reif.

Tarantula vorax. Weib 5½''', Mann 4''' lang. Vorderleib des Weibchens braun, des Männchens schwarz; bei beiden in der Mitte ein breiter, nach hinten wenig verschmälerter Längsstreif beim W. erdfarbig gelblichweiss, beim M. reiner weiss, und ebensolche Seitenstreifen, von einer bräunlichen Schattenlinie der Länge nach durchzogen, die Kanten selbst schwarzbraun. — Hinterleib oben beim W. staubig olivenbraun, beim M. schwarz; in der Mitte ein durchziehender, schmal lanzettförmiger, nach hinten verschmälerter Längsstreif weisslich, beim M. reiner weiss, und in diesem vorn eine spiessförmige Figur graugelblich, dunkler gerandet, hinten spitz auslaufend. Seiten und Bauch gelblich, beim M. weiss, die Seiten oft bräunlich bespritzt. Brust braun, in der Mitte ein Fleck gelblich. Taster bräunlichgelb, Endglied braunschwarz, beim M. schwarz. Beine des W. bräunlichgelb, an den Schenkeln der zwei Vorderpaare ein länglicher Seitenfleck und vor der Spitze ein Querfleck, so wie eine Fleckenreihe auf dem Rücken dun-

kelbraun, die Schenkel der zwei Hinterpaare mit vier an
den Seiten durchbrochenen Ringen, auf den Knieen zwei
Längsstreifen und ein Seitenfleck dunkelbraun, die folgenden Glieder ungefleckt mit russbraunem Anstrich; beim M.
die Schenkel der vier Vorderbeine mehr verdunkelt, die
Fersen und Tarsen heller, der Cocon kugelrund, anfangs
etwas bläulich, später rein weiss. — K o c h XIV. Fig.
1393, 1394.

Häufig, auf trockenen Wiesen, in kleineren Waldungen u. s. w. Im Mai und Juni reif.

Tarantula clavipes. Weib 4''', Mann 3¹/₄''' lang. Der
vorigen sehr ähnlich. Bei dem Männchen die Schienbeine
des vordern Paares glänzend schwarz, keulen-, fast eiförmig
verdickt, durch eine schiefe gelbliche Querfurche in zwei
Theile getheilt. Vorderleib des Weibchens braun, des
Männchens schwarz; bei beiden in der Mitte ein breiter,
nach hinten wenig verschmälerter Längsstreif und breite
Seitenstreifen beim W. unrein, beim M. rein weiss, die
Kanten selbst braun. — Hinterleib oben beim W. staubig
braun, beim M. schwarz; in der Mitte ein durchziehender
schmal lanzettförmiger, nach hinten verschmälerter Längsstreif beim W. unrein gelblichweiss, beim M. rein weiss,
an seinem Rande schwarze Fleckchen und hinter jedem
bisweilen ein weisses Fleckchen; in diesem vorn eine
spiessförmige Figur, nach hinten verschmälert, als feine
Linie meistens bis zu den Spinnwarzen reichend, beim W.
olivenbraun, am Rande verloren schwarz begrenzt, beim M.
schwarz, nur vorn mit gelblicher Mischung; an den Seiten
des Hinterleibes schiefe Fleckenreihen schwärzlich. Bauch
graulichweiss. Brust dunkel kastanienbraun, in der Mitte
ein helleres Lichtstreifchen. — Beine bräunlichgelb; beim
W. an den Schenkeln der vier Vorderbeine jederseits ein
Längsstreif, vor der Spitze ein Querfleck, und auf dem
Rücken eine Fleckenreihe, auf den Knieen zwei Längsstreifen dunkelbraun, die Schenkel der vier Hinterbeine
undeutlich gefleckt, Schienbeine, Fersen und Tarsen ungefleckt, mit schwärzlichem Anstrich; beim Männchen die
Schenkel mit braunen Querflecken, das Vorderpaar dunkler
als die andern und mit verdickten Schienbeinen. K o c h

XIV. Fig. 1403, 1404. Häufig auf trockenen Angern, in Gebüsch u. s. w. Schon im Mai reife Männchen.

Tarantula nivalis. Weib $3\frac{1}{4}$—$3\frac{1}{2}'''$, Mann $2\frac{1}{2}$—$2\frac{3}{4}'''$ lang. Vorderleib schwarz oder schwarzbraun, mit grauen oder gelbbraunen Härchen bestreut; in der Mitte ein breites, hinten nicht durchlaufendes, am Hinterkopf etwas verengtes Längsband, sowie schmale Kantenstreifen weiss oder röthlich weiss. — Hinterleib schön staubgrau, fast dunkel aschgrau, bei dem Männchen stark mit gelbbräunlichen Härchen gemischt, in den Seiten heller; über der Anheftestelle ein Gabelstreif, und hinter seinen Armen jederseits eine Längsreihe kleiner Fleckchen schwarz, letztere durch schwarze Bogenstreifchen verbunden, Fleckchen und Bogenstreifchen hinten weiss angelegt; die Ausbuchtung des Gabelstreifs hell rothgelb ausgefüllt, vorne im Winkel mit weissen Härchen, bei dem Männchen die rothgelbe Färbung nach hinten erweitert, bisweilen einen undeutlichen schwarz begrenzten Spiessfleck bildend; in den Fleckenlängsreihen das Fleckenpaar kurz vor der Mitte des Leibes meistens am grössten, die davor undeutlich, die dahinter deutlicher. In den Seiten einzelne schwarze Fleckchen, zuweilen in Schiefreihen geordnet. Brust schwarz, am Rande weissgrau behaart. Bauch weisslichgrau. — Beine röthlichgrau oder gelblichgrau; alle Schenkel unten der Länge nach, und auf der Oberseite drei Ringflecken schwarz, ferner ein Fleck auf den Knieen und zwei Ringe an den Schienbeinen braun, oft fast erloschen. Koch XIV. Fig. 1409, 1410. Nicht sehr häufig. Sie liebt kleine Waldungen und trockene, sonnige Stellen. Im Juni reif, im Juli die Weibchen mit Cocons.

7. Gattung Trochosa.

Trochosa trabalis. Weib $5\frac{1}{2}$—$6'''$, Mann $3\frac{1}{2}$—$4'''$ lang. Vorderleib olivenbraun; in der Mitte ein Längsstreif ockergelb, nach hinten verschmälert, am Hinterkopf durch beiderseits vorspringende Eckchen der braunen Seiten verengt, vor dieser Stelle bis zwischen die Augen zu einem ovalen Felde erweitert, und in diesem zwei braune Längsstriche von den hintern Scheitelaugen rückwärts, so dass hier der gelbe Streif dreitheilig erscheint; gezackte Seitenstreifen ockergelb, die Ränder braun. — Hinterleib oben dunkel olivenbraun, ockergelblich gemischt, die Mitte verwaschen heller, und hierin vorn ein Spiessfleck bis zur Mitte des Leibes, hinten zugespitzt, ockergelblich, schwarz gerandet. Auf der hintern Hälfte des Leibes zwei Längsreihen ockergelbe Punctfleckchen, nicht immer deutlich. Die Seiten weisslich oder ockergelblich, schwarz staubig und gefleckt. Bauch sammetartig weisslich, ockergelb oder graulich. Brust rostgelb oder rostbraun. — Beine blass olivengelb, schattenartig olivenbraun geringelt, an den Schenkeln vier, an den Knieen einer, an den Schienbeinen zwei Ringe; Fersen und Tarsen roströthlich. Das Männchen im Ganzen dunkler und schärfer gezeichnet als das Weibchen; die Schienbeine und Fersen des ersten Beinpaares braunschwarz. — Koch XIV. Fig. 1371—1374.

Häufig. Vom ersten Frühjahr an sieht man reife Männchen und Weibchen, im Juni tragen die Weibchen ihren grossen, kugelförmigen weissen Cocon, im Juli und August trägt das Weibchen ihre Jungen auf dem Hinterleibe umher. In Gärten, Feldern, Wiesen u. s. w.

Trochosa ruricola. Weib 8½—9''', Mann 6''' lang. Sie ist in Gestalt, Färbung und Zeichnung der T. trabalis so ähnlich, dass die Beschreibung jener im Allgemeinen auch für sie gelten kann. Sie unterscheidet sich aber von jener zunächst durch die auffallend ansehnlichere Grösse; dann ist die Grundfarbe des Vorder- und Hinterleibes olivenfarbig staubgrau; die braunen Längsstriche hinter den hintern Scheitelaugen sind etwas länger, die Beine blass olivengrau, ungefleckt, die Schienbeine und Fersen der Vorderbeine des Männchens nicht dunkelbraun oder schwarz, sondern sowie die übrigen Glieder und Beine gleichfarbig. — Koch XIV. Fig. 1369, 1370.

Schon im Herbste findet man Männchen mit reifen Tastern, sie überwintern und begatten sich im nächsten Frühjahre. Sie wohnt unter Steinen, in Erdlöchern an schattigen Plätzen u. s. w. — Herr Menge hat sie bei Jeschkenthal, Heubude, am Bischofsberge im Grase und Moose häufig gefunden. Unter der grossen Zahl von Spinnen, die ich als Trochosa trabalis bestimmt habe, sind allerdings mehrere, die ich allenfalls für Tr. ruricola halten könnte, aber keine erreicht die angegebene Grösse, und bei der grossen Variabilität der Lycosiden in Grösse und Färbung, namentlich der Fleckung der Beine, und der Geringfügigkeit der angegebenen Unterschiede wage ich nicht, sie dafür zu erklären, ja ich bezweifle sogar, dass sie als eigene Species sich wird behaupten können.

Trochosa umbraticola. Weib 3³/₄''' lang. Vorderleib schwarzbraun; an den Seiten des Thorax ein Längsstreif schön weiss, vorne und hinten spitz auslaufend, der Rand schwarz. Nach Koch zieht über die Mitte von der Kopfspitze bis zum Hinterrande des Thorax ein breites und gleichbreites helleres Längsband, mit weisslichen aufliegenden Härchen gemischt; bei meinem Exemplar fehlt dasselbe. Vorne am Kopf und an den Backen weisse vorstehende Haare. Mandibeln und Brust rostbraun, mit weissen Härchen bestreut. — Hinterleib dunkel schwarzbraun mit Sammetschimmer, in den Seiten und am Bauche mit weisslichen und gelblichen Härchen gemischt; vorne um die Anheftestelle dichter stehende weisse Härchen, zur Seite der Schultern ein feines Längswischchen weiss, und vorne auf dem Rücken ein gelblicher Lichtstreif, wenig bemerkbar. Taster und Beine einfarbig bräunlichgelb, ungefleckt, oben mit weissen Härchen besetzt. — Koch XIV. Fig. 1368.

Sehr selten. Am 3. Juni fing ich ein Weibchen mit seinem Cocon auf einer sumpfigen Wiese im Walde der Wilkie bei Königsberg. Auch Koch kannte nur ein Weibchen aus der Gegend von Erlangen, das Männchen ist noch nicht gefunden.

Trochosa rubrofasciata (mihi). Von dieser bisher noch nicht beschriebenen, sehr ausgezeichneten Spinne habe ich acht Weibchen, die ihre Cocons trugen, in dem Bruche bei Liep unweit Königsberg im Juli gefangen, sie sonst aber nirgends gefunden. — Das Weibchen 2¹/₂''' lang. Der ganze Körper ockergelb. Ueber den Vorderleib laufen zwei ziemlich breite gerade dunkel rostrothe Längsstreifen, vom Hinterrande, durch die Augen, und setzen sich auf den Mandibeln bis zu ihrer Spitze fort, an den Augen sind die Streifen schwarz; über dem Rande des Thorax eine Reihe

Fleckchen von derselben Farbe, die Randlinie schwarz; auf
dem Kopfe und dahinter auf der Mittellinie des Vorderleibes kurze goldgelbe Härchen. — Ueber den Hinterleib
laufen zwei rostbraun verdunkelte, mit schwärzlichen
Flecken gemischte Längsstreifen, in denen sich vier bis
fünf weisse oder gelbliche Puncte befinden; in dem dazwischen liegenden Raume vorne ein gelber Spiessfleck, auf
der hintern Hälfte zwischen den weissen Punctpaaren
weisse oder gelbliche Bogenfleckchen, beide bisweilen sehr
undeutlich; in den Seiten der gelbe Grund mit rostbraunen
Fleckchen und Strichen gemischt; der Hinterleib mit goldgelben Haaren bestreut, die in den Seiten besonders lang
sind. Die Brust gelb, jederseits am Rande drei rostbraune
Fleckchen. Bauch gelb, braun verdunkelt. Hüften und
Schenkel ockergelb, auf der Oberseite mit dunkel rostrothen Tüpfeln bestreut, die folgenden Glieder, besonders
der hintern Beine, dunkel rostroth, mit undeutlichen
Flecken und Ringen. Taster ockergelb.

Das Weibchen hat alle Charaktere einer Trochosa,
nur erscheinen die äussern Vorderaugen eher etwas grösser
als die mittleren, weil sie in einem schwarzen Fleckchen
stehen. Der Kopf zeigt die breiten Backen der anderen Tro-
chosen. Die Vorderaugen stehen in einer geraden Linie; die
vier Augen auf dem Scheitel des Kopfes sind gross, bilden
ein kurzes Trapez, und die beiden hintern stehen merklich
weiter von einander als die beiden vordern. Ich würde ihr
lieber den Beinamen bifasciata gegeben haben, wenn K o c h
nicht eine andere Spinne so genannt hätte, die aber von der
meinigen gänzlich verschieden ist.

8. Gattung Arctosa.

Arctosa halodroma. Weib 7''', Mann 5''' lang. Vorderleib gelblich rothbräunlich, vorne dunkler, graulich
weissgelb behaart; jederseits über dem Rande eine Fleckenreihe und darüber ein breiterer Zackenstreif braungrau,
beide durch Zackenäste verbunden, wodurch zwischen ihnen
eine Reihe hellockergelber Flecken entsteht, deren grösster
am vordern Kopfwinkel, der zweite nierenförmige an dem
hintersten Auge liegt. — Hinterleib staubig erdfarbig

gelblich, oben graubräunlich gemischt und gefleckt, in der
Mitte des Leibes am stärksten, wodurch hier ein grosser
dunkelgrauer Fleck entsteht; oben auf dem Rücken zwei
Längsreihen heller Flecken nahe beisammen, nämlich vorne
ein Paar grosse, länglich runde gelbliche Flecken, am Vor-
der- und Seitenrande graubräunlich begrenzt, hinter diesen
ein ähnliches, aber kleineres Fleckenpaar, dann folgt ein
Paar viel kleinere, aber besonders deutliche Fleckchen in
dem dunkeln Mittelfleck, und hinter diesen meistens noch
mehrere undeutliche und kleine Fleckenpaare, die hintern
Paare gewöhnlich durch helle Bogenstreifchen auf grauem
Grunde verbunden; in den Seiten feine braune Fleckchen
in schiefe Querreihen geordnet. Bauch gelblich, weisslich
bestaubt. Beine gelblichweiss, braun geringelt und gefleckt.
Koch V. Fig. 410, 411. A. cinerea Koch XIV. Fig. 1358.
Häufig am sandigen Seestrande, aber auch an sandigen Ufern der Binnengewässer. Ende Mai und Juni haben
die Männchen reife Taster. Sie gräbt fünf oder mehr Zoll
tiefe Röhren in den Sand, deren Wände sie mit Seidenge-
webe auskleidet. Darin birgt sie ihren Cocon, wohnt darin
den Tag über und geht erst nach Sonnenuntergang auf
Raub aus.

Arctosa picta. Weib 3½''', Mann 2½''' lang. Vorderleib bräunlichroth, die Kopffläche dunkler; an den Seiten
des Thorax breite wellige schwarze Längsstreifen, von einem
weisshaarigen Streifen der Länge nach durchzogen; an den
hintern Augen seitwärts ein nierenförmiger weisser Fleck.
— Hinterleib gelblichweiss, oben mit grauen, schwarzen
und röthlichgelben Zeichnungen, fein behaart; der Vorderrand schwarz, dahinter eine abwärts zwei Seitenlappen und
in der Mitte eine Spitze bildende gelblichweisse Zeichnung;
dahinter vier gelblichweisse Puncte im schwärzlichen Felde;
die hintere Hälfte des Leibes in der Mitte gelbröthlich, mit
schwarzen Winkelflecken hintereinander, und zu jeder
Seite mit einem länglichen gelblichweissen, am Hinterrande
doppelt schwarz eingefassten Fleckchen. Die Seiten grau-
schwärzlich und gelblich melirt. Der Bauch weisslich.
Brust glänzend schwarz. Beine bräunlichroth, schwarz oder
schwarzbraun geringelt. Taster gelb, schwarz geringelt. —
Hahn I. Fig. 79. Koch XIV. Fig. 1362, 1363.

Sehr selten. Herr Menge hat davon ein Männchen und drei Weibchen im Walde bei Weichselmünde gefangen, Hahn hat sie bei Nürnberg entdeckt, Koch hat sie nie gefunden, auch mir ist sie bis jetzt nicht vorgekommen. Schon im Mai sollen die Männchen reife Taster haben.

9. Gattung Zora.

Zora spinimana. Weib 2½''', Mann 2''' lang. Vorderleib länglich oval, Kopf schmal, der Hinterleib eiförmig, der Vorder- und Hinterleib hell strohgelb oder ockergelb. Auf dem Vorderleibe zwei breite Rückenstreifen, die durch die Augen ziehen und sich über die Mandibeln fortsetzen, sowie die Kantenlinien rostbraun, die letzteren nicht selten doppelt. — Auf dem Rücken des Hinterleibes in der Mitte vom Vorderrande bis zur Hälfte der Länge dicht neben einander zwei Reihen feiner Längsstrichchen, und hinter diesen eine einfache Reihe kleiner rundlicher Fleckchen dunkel rostbraun; jederseits über den Seiten ein aus Schiefstrichen, Fleckchen und Puncten zusammengesetzter breiter Längsstreif dunkelrostbraun; die Seiten rostbraun bespritzt, und auf dem hellstrohgelben Bauche braune Pünctchen, bisweilen in zwei Längsreihen geordnet. Taster, so wie Hüften und Schenkel der Beine hellstrohgelb, letztere mit dunkelbraunen, oft undeutlichen Längslinien, zwei oben, eine unten an der Seite. Kniee, Schienbeine, Fersen mit braunem Anstrich, Tarsen ockergelb. Am Endgliede der weiblichen Taster unten vor der Spitze zwei stumpfe, kurze, ziemlich starke Borsten neben einander. An den Beinen starke Stachelborsten. — Koch XIV. Fig. 1343, 1344. Lycaena spinimana Sundeval.

Nicht selten. Im April und Mai reife Männchen. Im Juni setzen die Weibchen ihre Eier ab, legen sie in ein ziemlich rundes Klümpchen zusammen, überspinnen sie mit einem feinen Gewebe, befestigen sie unter Steinen, und bewachen sie bis zum Auskommen. Sie leben auf der Erde, am liebsten unter schattigen Pflanzen oder auch unter Steinen. Im Bruche bei Liep, am Landgraben u. s. w. habe ich sie oft gefangen.

10 *

VIII. Familie Attides, Springspinnen.

Uebersicht der Gattungen.

A. Das von den Augen begrenzte Kopffeld länger als
breit, ein Trapez, die hintern Scheitelaugen merklich
weiter von einander als die äussern Vorderaugen.

1. Gattung **Saltkus**. Die mittlern Vorderaugen sehr
gross, nahe beisammen; die vordern Scheitelaugen
näher zu den äussern Vorderaugen als zu den hintern Scheitelaugen (Fig. 49). Leib lang gestreckt,
braun, auf dem Hinterleibe in der Mitte eine weisse
Querbinde. 1 Species, sehr selten.

B. Das Augenfeld ein Rechteck, breiter als lang.

a. Die Stirn niedrig, die vordern Mittelaugen kaum
um ¼ ihres Durchmessers über dem Stirnrande.

α. Die vier Vorderaugen berühren sich mit ihren
Rändern.

2. Gattung **Callethera**. Die äussern halb so gross als
die mittlern Vorderaugen; die vordern Scheitelaugen
in der Mitte zwischen den hintern Scheitelaugen
und den äussern Vorderaugen; Länge des Augenfeldes zur Breite = 3 : 4 (Fig. 50). Vorderleib
eiförmig, hinten verschmälert, Stirne mässig hoch.
Mandibeln und Fangkralle des Männchens sehr
gross und lang. Hinterleib oval, weisse Querstreifen
auf schwarzem Grunde, oder umgekehrt. Das dritte
Beinpaar merklich länger als das zweite. An Zäunen, Mauern u. s. w. häufig. 1 Species.

β. Die vier Vorderaugen berühren sich nicht mit
ihren Rändern, stehen sich aber so nahe, dass
sich ihre Haar-Ringe berühren.

3. Gattung **Mellophanus**. Die vordern Scheitelaugen
in der Mitte zwischen den hintern Scheitelaugen
und den äussern Vorderaugen. Länge des Augenfeldes zur Breite = 2 : 3. (Fig. 51). Vorderleib
in der Mitte am höchsten, nach vorne und hinten
sanft geneigt, Stirne sehr niedrig. Hinterleib eiför-

mig, oben schwach gewölbt. Grün oder blau kupfer-
glänzend, oft mit weissen Zeichnungen. Das dritte
Beinpaar wenig länger als das zweite. Gerne auf
Nadelholz, auch auf Steinen u. s. w. an sonnigen
und trockenen Waldstellen, ziemlich häufig. 5
Species.

γ. Die zwei vordern Mittelaugen von einander etwa
um die Hälfte, die Seitenaugen von diesen um
ein Viertel des Durchmessers der Seitenaugen
entfernt.

4. Gattung **Marpissa.** Die vordern Scheitelaugen
etwas näher zu den äussern Vorderaugen als zu den
hintern Scheitelaugen. Länge des Augenfeldes zur
Breite = 4 : 7 (Fig. 52). Vorder- und Hinterleib
breit, niedergedrückt, etwas platt, Hinterleib länglich oval. Stirne niedrig. Das zweite und dritte
Beinpaar gleich lang. Gelbgrau staubig, mit stau-
bigem hellerem Längsstreif und Schiefstrichen auf
dem Hinterleibe. 1 Species. Selten.

b. Die vordern Mittelaugen kaum um $^1/_2$ ihres Durchmessers vom Stirnrande entfernt.

5. Gattung **Attus.** Die vier Vorderaugen dicht gedrängt, berühren sich mit ihren Rändern. Die vordern Scheitelaugen in der Mitte zwischen den hintern Scheitelaugen und den äussern Vorderaugen.
Länge zur Breite des Augenfeldes = 1 : 2 (Fig. 53).
Vorderleib hoch, hinten stark abfallend, Stirne
hoch; Hinterleib kurz eiförmig. Zeichnung: dunkle
Fleckchen, Strichel und Puncte in Längsstreifen
auf gelblichem Grunde. Drittes Beinpaar merklich
länger als das zweite. Meistens auf der Erde, zwischen Pflanzen oder Steinen. Nur 1 Species, nicht
selten.

c. Die vordern Mittelaugen um $^1/_3$ ihres Durchmessers vom Stirnrande entfernt.

6. Gattung **Dendryphantes.** Die vordern Scheitelaugen etwas näher zu den äussern Vorderaugen als
zu den hintern Scheitelaugen. Die vier Vorderaugen
berühren sich nicht, wohl aber ihre Haarringe; die
äussern Vorderaugen von den mittleren etwas weiter

entfernt als diese von einander. Länge zur Breite
des Augenfeldes = 4 : 5 (Fig. 54). Vorderleib
hoch, hinten stark abgedacht, Kopffläche breit.
Stirn hoch. Hinterleib breit eiförmig, aber schwach
gewölbt. Meistens mit goldglänzenden Haarschuppen
bestreut. Das zweite Beinpaar etwas länger als
das dritte. Sie weben Brutnester auf Tannen und
Kiefern. 2 Species, häufig.

d. Die vordern Mittelaugen um ³/₄ oder mehr ihres
Durchmessers vom Vorderrande entfernt.

7. Gattung **Euophrys.** Die vordern Scheitelaugen in
der Mitte zwischen den äussern Vorderaugen und
den hintern Scheitelaugen ; sonst die Augenstellung
wie bei Dendryphantes (Fig. 55). Vorderleib wie
bei Dendryphantes, Hinterleib oval, nach hinten
verschmälert; mit mannigfaltigen Zeichnungen. Das
dritte Beinpaar dem zweiten gleichlang oder wenig
länger, nur bei Euophrys crucifera und tigrina auffallend länger : bei E. radiata das erste länger als
das hinterste. Sie machen ihre Brutnester meistens
in den Rispen der Gräser, oder auch unter Steinen
u. s. w. 8 Species, theils häufig, theils selten.

1. Gattung Salticus.

Salticus formicarius. Weib 3′′′, Mann 2½′′′ lang. Vorderleib länglich oval, hinten kegelförmig ausspitzend,
braunroth, Kopffläche platt, quadratisch, schwarz, das Gesicht mit purpurrothen Schuppenhärchen besetzt. — Hinterleib lang oval, fast walzig, am Vorderende zugespitzt;
die Vorderhälfte braunroth, die hintere schwarz, zwischen
beiden in der Mitte ein reinweisser, aus Schuppen bestehender schmaler Ring, auf der Bauchseite unterbrochen,
auf dem Rücken mit zwei vorwärtsstehenden Eckchen.
Beine ockergelb, die Schenkel schwarz oder braun, die der
hintern heller, die Kniee und Schienbeine an der Vorderseite mit einem schwarzen Längsstrich. — Koch XIII.
Fig. 1101, 1102.

Sehr selten. Herr Menge hat bei Redlau unweit

Danzig ein Weibchen im Grase gefangen, mir ist sie nicht vorgekommen.

2. Gattung Calliethera.

Calliethera scenica. Weib 3—3½'''. Mann 2—2½''' lang. Vorderleib oval, nach hinten verschmälert, schwarz, mit Zeichnungen von weissen Härchen; nämlich an den Seiten ein breiter Streif, das Gesicht bis über die Vorderaugen, und hinter den Hinteraugen am Hinterkopf ein Gabelfleck rein weiss, der letztere durch Verlängerung der beiden Arme bisweilen zu einem Kreuzfleck erweitert und nach hinten ins Röthliche übergehend. — Hinterleib lang eiförmig, oben sammetbraun oder schwarz: über dem Vorderrande ein Bogenstreif, in der Mitte des Leibes ein Paar und dahinter ein zweites Paar schräg nach vorne gegeneinander geneigte Querflecken weiss (zwei auf dem Rücken unterbrochene Querbogen bildend), endlich vor den Spinnwarzen noch ein kleiner Bogenfleck weiss; zwischen diesen bisweilen noch auf dem Rücken kleine gelblichweisse Winkelstriche. Bauch grauweiss. Brust schwarz, weiss behaart. Beine bräunlich, die Mitte der Schenkel heller, weiss beschuppt. Taster gelb, weiss behaart, am Grunde bräunlich. — Die Mandibeln des Männchens sehr lang; das Grundglied etwas geschweift, am Ende an der Innenseite mit einem grössern und dahinter einem kleinern Zahn; die Fangkralle sehr lang, dünn, an der Wurzel einwärts gekrümmt. — Hahn I. Fig. 43, 44. Koch XIII. Fig. 1106, 1107.

Diese Spinne kommt sehr häufig an Mauern, Bretterwänden u. s. w. vor. Im Mai und Juni haben die Männchen reife Taster. Sie variirt, jenachdem die weisse Behaarung und die dadurch gebildeten Zeichnungen mehr oder weniger hervortreten, sowie nach hellerer oder dunklerer Grundfarbe. Ich halte daher die von Koch als eigene Species unterschiedenen C. zebranea, histrionica, tenera und aulica, deren Beschreibung einige meiner Exemplare entsprechen, nur für Varietäten von C. scenica.

3. Gattung Heliophanus.

Heliophanus expres. Weib 2—2½‴, Mann 1¼—1¾‴
lang. Vorderleib schwarz, mit goldfarbigem, röthlichem
oder kupfergrünem Metallschimmer; hinter den Hinteraugen ein Querstreif, in den Winkeln der hintern Abdachung eine kleine Bogenlinie und eine feine Kantenlinie
weiss, doch bisweilen fehlend. Hinterleib kupfergrün,
goldfarbig metallisch glänzend ;. ein weisser Bogenstreif um
den Vorderrand, in den Seiten bis über die Hälfte der
Länge fortziehend, an den Enden etwas abwärts gekrümmt;
auf dem Rücken drei Paare weisse Querflecken hintcrein-
ander, das erste Paar vor dem zweiten Paar Rückenstigmen,
die beiden andern hinter der Mitte des Leibes, das letzte
bisweilen in den Seiten herabziehend, und jederseits von
den Spinnwarzen noch ein Fleckchen weiss. Brust und
Bauch schwarz, auf dem Bauche bisweilen zwei Puncte vor
den Spinnwarzen und zwei undeutliche Längslinien weiss.
Alle weisse Zeichnungen leicht abreibbar und vergänglich ;
beim Männchen fehlen sie meistens ganz. Beine gelb, an
den Schenkeln und Schienen aller Beine, sowie an den
Fersen der Hinterbeine ein Längsstrich schwarz; beim
Männchen die Schenkel schwarz, die folgenden Glieder
dunkel ockergelb. Taster des Weibchens hellgelb, das
Wurzelglied schwärzlich; Taster des Männchens schwarz,
mit einer weissen Schuppenlinie oben, am Ende des zweiten Gliedes unten ein langer spitzer Zahn. K o c h XIV.
Fig. 1313—1315.

Häufig an sonnigen Stellen auf Bäumen, vorzüglich
Nadelholz, Sträuchern, Wiesen u. s. w. Im Juli sind sie
erwachsen.

Heliophanus flavipes. Weib 2¼‴ lang. Vorderleib und
Hinterleib pechschwarz, mit gelblichen, schwach ins Me-
tallisch-goldglänzende spielenden Schuppen belegt. Auf
dem Hinterleibe zieht ein weisser Streif um den Vorderrand, und setzt sich in den Seiten bis zu den Spinnwarzen
fort, an den Enden bisweilen unterbrochen; bisweilen auf
dem Rücken vier Paare weisser, schräg gegen einander und
mit der hohlen Seite nach vorne gerichteter Bogenfleckchen.

Der Bauch schwarz, mit drei weisslichen Längslinien, oft nur durch zwei Längswischchen vor den Spinnwarzen angedeutet. Taster schön schwefelgelb, auch das Wurzelglied. Beine schwefelgelb, die Schenkel heller; an den Hinterbeinen auf den Schenkeln an der Innenseite oben ein Längsstreif, ein Querfleckchen an der Spitze der Kniee, und ein Längsstrichchen an den Schienbeinen und Fersen schwarz, auch ein Schattenfleck an der Wurzel der Schenkel des dritten Paares schwärzlich. Koch XIV. Fig. 1320—1322. Ich habe 14 Weibchen, die dieser Beschreibung entsprechen, im Juli auf Gebüsch gefangen, aber kein Männchen. Koch hat das Männchen auch nicht mit Gewissheit gekannt. Ob diese Spinne wirklich eine eigene Species, oder nur Varietät von H. cupreus sei, wage ich nicht zu entscheiden.

Heliophanus truncorum. Weib 3½—4‴, Mann 2½‴ lang. Hinterleib gross, dick eiförmig aufgetrieben, in der Mitte am breitesten, nach hinten zugespitzt. Vorder- und Hinterleib schwarzgrün beschuppt, goldfarbig glänzend. Die Seitenkanten des Vorderleibes, auf dem Hinterleibe ein Bogenstreif um den Vorderrand, in den Seiten bis über die Hälfte des Leibes reichend, auf dem Rücken vor den Spinnwarzen zwei Fleckchen und jederseits von den Spinnwarzen ein Fleckchen weiss. Bei dem Weibchen das erste und zweite Glied der Taster schwarz, die folgenden hell gelblichweiss; bei dem Männchen die Taster schwarz, mit einer weissen Linie auf dem zweiten und folgenden Gliedern. Die Hüften und Tarsen ockergelb, die andern Glieder der Beine braunschwarz, mit zwei ockergelben Längslinien, welche bei unabgeriebenen Exemplaren mit weissen Schuppen belegt sind. Brust und Bauch schwarz. Koch XIV. Fig. 1309, 1310.

Reife Männchen findet man den Sommer hindurch. Sie lebt an sonnigen Stellen auf Gebüsch u. s. w. Sehr selten. Ich habe nur ein Weibchen gefangen.

Heliophanus metallicus. Weib 2—2½‴ lang. Vorderleib schwarz, mit grünlichem Metallschimmer, eine feine Kantenlinie weiss. Hinterleib oval, schwarz mit grünem und kupferfarbigem Metallschimmer; ein weisser Streifen zieht um den Vorderrand und setzt sich in den Seiten bis

fast zu den Spinnwarzen fort; auf dem Rücken drei Paare
weisser Fleckchen, nämlich ein Paar Bogenfleckchen schräg
gegen einander gerichtet ganz vorne, zwei Paare kleine
Querfleckchen kurz vor den Spinnwarzen, und ausserdem
jederseits von den Spinnwarzen ein weisses Fleckchen.
Bauch schwarz, vor den Spinnwarzen zwei weisse Fleckchen, bisweilen in einen Querbogen zusammengeflossen.
Taster gelb, die beiden ersten Glieder schwarz. Hüften und
Tarsen ockergelb, die andern Glieder gelb, vorne und hinten ein Längsstreif, bisweilen noch auf dem Rücken eine
Längslinie schwarzbraun, die Schenkel der Vorderbeine fast
ganz schwarzbraun. Koch XIV. Fig. 1316.

Ich besitze zwei Weibchen, auf welche diese Beschreibung passt, ein Männchen habe ich nicht gefunden, sowie
auch Koch das Männchen nicht kennt. Ob übrigens diese
Spinne nicht nur eine Varietät von H. cupreus sei, bleibt
noch zu untersuchen, da der Hauptunterschied nur darin
besteht, dass bei H. metallicus die beiden ersten Tasterglieder, bei H. cupreus nur das Wurzelglied schwarz ist.

Hellophanus aurocinctus (mihi). Weib 1¼''' lang. Vor-
der- und Hinterleib gleich lang, etwas niedergedrückt,
Hinterleib oval, die hintern Scheitelaugen stark vorstehend.
Vorderleib gelbbraun, obere Kopffläche schwarz mit grünlichem Kupferschimmer und sparsamen Härchen besetzt;
hinter jedem der hintern Scheitelaugen ein Fleckchen von
schön goldgelb glänzenden Schüppchen; an den Seiten, sowie am Vorderrande des Kopfes über den Vorderaugen eben
solche goldgelbglänzende Schüppchen, aber weitläufig gestellt, auch einzelne zerstreut auf der Kopffläche, und am
Seitenrande eine feine Reihe derselben. — Hinterleib dun-
kelblau mit Purpurschimmer; um den Vorderrand eine in
den Seiten schräg nach hinten bis über die Hälfte des Leibes fortziehende Binde von schön goldgelb glänzenden
Schüppchen, und in der Mitte des Leibes eine auf dem
Rücken unterbrochene Querbinde von eben solchen Schüppchen, welche nach unten in die Seitenzüge der Vorderrand-
binde übergeht. Vor den Spinnwarzen jederseits noch ein
schräg stehendes Fleckchen von ebensolchen Schüppchen.
Bauch matt tiefschwarz, das Mittelfeld grau behaart. Spinnwarzen, die obern schwarz, die untern schwarzbraun.

Brust schwarzbraun, sparsam grau behaart. Die drei hintern Beinpaare gelbbraun, die Tarsen blasser, durchscheinend, die äussersten Spitzen der Tarsen schwarz; die Hüften der Vorderbeine gelblichbraun, Schenkel schwarzbraun, Kniee bräunlichgelb, Schienbeine schwarz, Fersen und Tarsen blass bräunlichgelb; alle Beine oben mit goldgelbglänzenden Schüppchen bestreut. Die ersten drei Tasterglieder und die Basis des vierten braun, die Spitze der Taster blass durchscheinend röthlich gelblich. Mandibeln und Maxillen braun. — Sehr selten.

Von diesem schönen, meines Wissens noch nicht beschriebenen Spinnchen habe ich ein, wie es scheint, reifes Weibchen am 26. Mai auf Gebüsch bei Kellermühle, unweit der Station Lindenau bei Tapiau gefangen, und ihm den obigen Namen gegeben.

4. Gattung Marpissa.

Marpissa muscosa. Weib 5''', Mann 3¼''' lang. Unsere grösste Springspinne. Vorderleib oben abgeplattet, rothbraun, grauweisslich behaart, breite Seitenstreifen und ein Mittelstreif schwarz, die Kanten fein weiss, durch die Seitenaugen ein grauweisser Längsstreif, unter den Vorderaugen gelblichweiss behaart. — Hinterleib langeiförmig, niedergedrückt; die Grundfarbe desselben ein bräunliches oder schmutziges Gelb, welches in der Mitte einen breiten gezackten Längsstreif bildet, in welchem graubraune Flecken vorne einen fast spiessförmigen Längsstreif, dahinter bogige Querstreifen bilden, mit eingestreuten Fleckchen und Puncten; zu beiden Seiten des hellen Mittelstreifs ist die Oberseite des Leibes durch grosse regellose graubraune Flecken verdunkelt. Die Seiten sind schwarz, durchzogen von gelben Schieflinien nach der Zahl der Zacken des Mittelstreifens. Bauch gelb mit braunen Spritzflecken. Taster rothgelb, lang weissbehaart; bei dem Männchen am vierten Gliede unten ein breites blattförmiges Anhängsel. Vorderbeine sehr dick, an den Schienbeinen und Fersen starke Dornen, Schenkel, Kniee und Schienbeine rothbraun, Fersen und Tarsen rostroth; die andern Beine rothgelb,

schwarz geringelt. Koch XIII. Fig. 1129, 1130. Salticus
Rumpfii Hahn I. Fig. 42.

Sehr selten. Ich habe nur ein Weibchen, Herr Menge
bei Danzig ein Männchen und zwei Weibchen gefangen.
Im Mai haben die Männchen entwickelte Taster.

5. Gattung Attus.

Attus frontalis. Weib 1⅔‴, Mann 1¼‴ lang. Vorderleib gelbbräunlich, Kopfplatte braun, Seitenkanten
schwarz, der ganze Vorderleib oben mit gelben glänzenden
Schuppenhärchen bestreut; bei dem Weibchen Ringe um
die Augen, bei dem Männchen durch die Vorderaugen ein
Streif lebhaft orangeroth. Hinterleib eiförmig, gelb; auf
dem Rücken drei Längsstreifen von schwarzbraunen Flecken,
die beiden Seitenstreifen von verworrenen Fleckchen, der
mittelste Streif im vordern Theile von Längsstricheln, im
hintern von Dreiecken gebildet, deren hintere Winkel, zumal bei dem Männchen, sich in geschwungene Arme ver-
längern; in den Seiten schwarzbraune Längsfleckchen.
Bauch gelb mit drei schwarzbraunen Längsstreifen, die sich
bisweilen zu Fleckenreihen auflösen. Die Beine trübgelb;
bei dem Männchen die Vorderbeine schwarz, mit rein weissen Tarsen, das zweite Paar unten schwärzlich. Die Taster
des Weibchens gelblich, das Endglied dunkler; bei dem
Männchen die ersten beiden Glieder schwärzlich, die folgenden gelblich, das dritte und vierte oben, und das Endglied an der Innenseite mit einem dichten rein weissen
Haarstreifen. Koch XIV. Fig. 1304, 1305.

Ziemlich häufig. Im Juni und Juli haben die Männchen reife Taster. Die Spinne hält sich auf der Erde zwischen Pflanzen, an Steinen u. s. w. auf.

6. Gattung Dendryphantes.

Dendryphantes medius. Weib 2½‴, Mann 2½‴ lang.
Vorderleib olivengelb beschuppt, hinten und in den Seiten
weiss gemischt, durch die Vorderaugen ein gelber Streif,
unter ihnen ein Saum von weissen Haarborsten; bei abge-
riebenen Exemplaren der Vorderleib rothbraun, die Kopf-

platte schwarz. — Hinterleib oval, von oben etwas niedergedrückt, olivengelb beschuppt, Vorderrand und Seiten
weisslich; auf dem Rücken ein olivengrüner Längsstreif,
von zwei dunkeln Längsstreifen eingefasst, und in diesen
fünf Paare weisser Fleckchen; deren erstes und grösstes
liegt in ⅛ der Länge, und von ihm läuft ein weisslicher
Streif schräg nach hinten in den Seiten herunter, die folgenden drei Paare sind kleinere Puncte, das letzte ist strich-
förmig und liegt etwas schief, endlich über den Spinnwarzen ein einzelner weisser Punct.. Bei manchen Varietäten
ist der ganze Hinterleib mit olivengelben Schuppen besetzt, das vordere weisse Fleckenpaar verwischt, die hintern
zusammengeflossen oder auch verwischt. Bei ganz abge-
riebenen Exemplaren, zumal die in Spiritus gelegen haben,
der Rücken des Hinterleibes roth und darauf in der Mitte
ein grosser ovaler Fleck von ⅛ der Länge bis zu den
Spinnwarzen schwarz oder schwarzbraun. Bauch olivengrau. Beine roströthlich, weiss beschuppt; die Schenkel
der vier Vorderbeine oben und an der Vorderseite dunkelrothbraun, mit einem helleren oder gelben Längsstrich auf
der Mitte der Vorderseite; alle übrigen Glieder an der
Spitze schwarzbraun. Koch XIII. Fig. 1141—1143.

Man findet die reifen Spinnen häufig in und bei ihren
kleinen weissseidenen runden Nestern im Juli und August
auf Tannen, seltener auf Kiefern. Das Nest ist zwischen
den Nadeln befestigt, von der Grösse einer mässigen Hasel-
nuss, und darin bewacht das Weibchen die Eier, die in
ein besonderes rundes zartes und lockeres, frei in einem
Raume des Nestes liegendes, Säckchen eingeschlossen sind.

Dendryphantes hastatus. Weib 4''', Mann 3½''' lang.
Vorderleib olivengrün, oder olivengelb beschuppt, hinten
und in den Seiten weiss gemischt, Vorderaugen mit weissen
Ringchen, die Stirne unter denselben beim Weib weisslich,
beim Manne schwarz; über die Mitte läuft eine Längsreihe
von weisslichen Schattenflecken, nämlich hinter den Vorderaugen ein Wischchen, nach hinten verschwimmend, dahinter zwischen den Hinteraugen ein breiterer halbkreis-
förmiger nach vorne convexer Fleck, und hinter diesem
wieder ein oder zwei Längswischchen. — Hinterleib eiförmig, olivengelb beschuppt, die helleren Seiten begrenzen

buchtig das dunklere Mittelfeld; in diesem Mittelfelde auf
der vordern Hälfte des Leibes ein hellerer weisslicher oder
gelblicher breiter Spiessfleck, in der Mitte eingezogen, hinten in zwei Gabelspitzen auslaufend; auf dem hintern
Theile des Leibes vor den Spinnwarzen jederseits ein grosser reinweisser Mondfleck, oft in mehrere Flecken aufgelöst, meistens auf der innern concaven Seite noch zwei
weisse Fleckchen. Bauch grünlich gelblich. Beine rostroth,
alle Glieder an der Spitze mit braunen Ringen, gelb beschuppt. Koch XIII. Fig. 1145, 1146.

    Diese Spinne findet man erwachsen ziemlich häufig im
Juli und August in und bei ihren Nestern, die sie zwischen
den Nadeln junger Kiefern machen. Das Nest ist von der
Grösse einer guten Wallnuss, mit vielen Fäden umgeben,
weiss seidenartig, und das Weibchen bewacht darin die
Eier, die sich in einer Duplicatur der innern Wand befinden.

7. Gattung Euophrys.

Euophrys falcata. Weib 2½''', Mann 2''' lang. Vorderleib breit, oben flach, ziemlich hoch, hinten stark abgedacht; Grundfarbe schwarz oder schwarzbraun, die Kopfplatte mit bräunlich gelben Schuppenhaaren, mit etwas
olivenfarbigem Anstrich bedeckt, um die Augen hellere
Ringe mit rostrother Mischung zwischen den Augen;
Hauptkennzeichen ist ein breites rostbraunes Band, welches hinter den Augen quer über den Rücken und dann an
den Seiten nach vorne bis zu den Vorderaugen ziehend,
die Kopfplatte begrenzt, besonders die Seitenarme mit
weissen Schuppenhaaren dicht besetzt, diese weisse Beklei-
dung aber gewöhnlich nicht in der Mitte des Rückens zusammenkommend, sondern hier nach hinten geschwungen;
Stirn und Vorderrand grauweiss behaart. — Hinterleib
oval, klein, oben etwas platt; Grundfarbe oben schwarz,
das Mittelfeld am Vorderrande und an den Seiten weiss
eingefasst; die Zeichnung des Mittelfeldes variirt sehr:
1) durch dasselbe zieht in der Mitte ein einfacher, etwas
gezackter olivenfarbiger Längsstreif, oft die Spitzen des
letzten oder der beiden letzten Zackenpaare weisse Puncte

bildend, oder 2) in diesem Mittelstreifen erscheinen weissliche Schiefstriche, die vordern spitzwinklig gegen einander
liegend, hinten Bogenstriche bildend, oder 3) hinter der
Mitte ist der Raum zwischen einem Paare dieser Schiefstriche weiss oder röthlichweiss ausgefüllt und bildet ein
Dreieck, in dem gewöhnlich ein kleineres schwarzes Dreieck ist, oder 4) die Schiefstriche ziehen als geschwungene
Linien bis zu der weissen Randeinfassung, oder 5) die
ganze obere Fläche des Hinterleibes ist mit goldgelben
Haarschuppen bedeckt. Ausserdem giebt es Uebergänge
zwischen diesen Varietäten. Bauch grau. Brust schwarz-
braun, am Rande weisse Härchen. — Beine röthlichweiss,
mit graugelblichen Schuppen besetzt, die Spitzen aller
Glieder schwarz. — Koch XIV. Fig. 1290 bis 1295.
  Sehr häufig, vom Frühjahr bis spät in den Sommer,
auf Gebüsch, im Grase u. s. w.
  Euophrys crucifera. Weib 3¼‴, Mann 2½‴ lang.
Vorderleib schwarzbraun, mit bräunlichgelben glänzenden
Schüppchen belegt, das Gesicht gelblichweiss behaart, beim
Männchen zimmetroth, der Vorderrand weiss. — Hinterleib oben braun, dunkler oder heller; ein schmaler Längsstreif in der Mitte, am Hinterende in zwei bis drei Längsfleckchen aufgelöst, und in zwei Drittel der Länge ein jenen
durchkreuzender Bogenstrich weiss, oder gelblich. Die
Seiten braun und grau melirt, Bauch graugelb; Brust dunkelbraun, gelblich behaart, Ränder weiss. — Bei dem
Weibchen Schenkel und Tarsen röthlichweiss, die andern
Glieder rostroth, die Spitzen aller Glieder schwarzbraun;
bei dem Männchen Beine schwarz, Schienbeine des Vor-
derpaares an der Wurzel rostroth, Schenkel der zwei Hinterpaare an der Wurzel nur röthlich, Tarsen rostgelb
Koch XIII. Fig. 1270, 1271.
  Sie ist selten. Im Mai und Juni sind die Männchen
reif. Sie lebt gewöhnlich auf der Erde oder unter Steinen,
wo sie ein weiches, enges, doch dichtes Eiersäckchen bewahrt.
  Euophrys pubescens. Weib 2¼‴, Mann 2‴ lang.
Grundfarbe des ganzen Leibes oben braun, überall mit
bräunlichen, fuchsröthlichen, grauen und weissen Schuppenhärchen bestreut. Vorderleib um die Vorderaugen heller,

grauweisslich oder bräunlich weiss; in der Mitte ein, gewöhnlich zweimal durchbrochener, Längsstreif, oder drei •
Längsfleckchen hintereinander weiss, meistens röthlich eingefasst, der zweite derselben zwischen den Hinteraugen,
ein Dreieckchen bildend und am deutlichsten; dann noch
hinter jedem der Hinteraugen seitwärts nach innen ein
ähnliches Fleckchen von weissen und rothen Härchen,
leicht abreibbar. — Hinterleib hoch und breit oval, nach
hinten stark verschmälert; in der Mitte ein Längsstreif
grauweisslich, oder mit Roth gemischt, und jederseits daran
ein breiter Längsstreif sammetschwarz oder grauschwarz;
in diesen letztern Streifen auf der vordern Hälfte drei
.weisse Pünctchen hintereinander, das zweite am deutlichsten, dann hinter der Hälfte der Länge ein grosser weisser
Fleck und in demselben gewöhnlich noch ein runder oder
halbmondförmiger schwarzer Fleck, und endlich folgen dahinter bis zu den Spinnwarzen noch zwei bis drei Paare
kleine weisse Mondfleckchen. Bauch grau. Beine bleich-
röthlich, schwarzgeringelt. — K o c h XIV. Fig. 1278,
1279.

Sie wird den ganzen Sommer hindurch häufig an
Mauern, Zäunen, auf niedern Kräutern u. s. w. gefunden.

Euophrys pratincola. Weib 3½′′′, Mann 2½′′′ lang.
Vorderleib staubig braun, mit gelblichen und weisslichen
Haarschuppen gemischt, in den Seiten weisslich, Vorderrand unter den Augen rein weisshaarig, um die Vorderaugen ein feines rostrothes Reifchen; oben in der Mitte ein
feiner weisser Längsstreif, vorne und hinten spitz auslaufend, an den Hinteraugen meistens etwas unterbrochen,
oder undeutlich, seitwärts von diesem schräg nach vorne
und aussen geschwungene dunkler braune Bogenstreifen,
oft undeutlich, und durch die Hinteraugen ein rostgelb-
liches Längsfleckchen. — Hinterleib sehr dick, gross, oval,
in den Seiten weisslich, staubbräunlich gemischt und braunfleckig, diese Färbung um den Vorderrand und hinten vor
den Spinnwarzen über den Rücken herumlaufend, und ein
breites, an den Seiten undeutlich und am Hinterrande
scharf gezacktes dunkelbraunes, mit schwarzen und weisslichen Haarschuppen gemischtes Rückenfeld einschliessend.
Dies Rückenfeld in der Mitte von einem helleren Schatten-

streifen der Länge nach durchzogen ; in der Mitte der Länge
ein Paar grosse fast halbmondförmige weisse Querflecken ;
vor denselben über dem Vorderrande eine längere, dahinter eine kürzere Querbogenlinie (diese oft zu einem Fleckenpaar erweitert) und hinter dieser eine spitzwinklige Gabel-
zeichnung schattenartig weisslich ; hinter den grossen
Flecken zwei bis drei Querbogenfleckchen weisslich. Bauch
unrein hell ockergelb. Beine rostroth, schwarz geringelt.
Koch XIV. Fig. 1299.

Ich habe diese Spinne zahlreich auf hohen Stengeln
von Juncus im See bei Dammhof bei Königsberg gefangen,
wo sie ein schneeweisses zartes Säckchen in den Rispen
bewohnte ; sonst sparsam. Im Juni findet man sie ausgewachsen.

Euophrys striata. Weib 3½ — 4''', Mann 3''' lang.
Vorderleib erdfarbig weisslichgrau beschuppt, aufs Röthliche ziehend, seine Augenringchen gelblichroth, auf dem
Kopfe des Weibchens zwei Reihen Bogenfleckchen, und
dahinter oben auf dem Brustrücken zwei gezackte Längsstreifchen schwarz, bei dem Männchen meistens zusammengeflossen ; seitwärts davon jederseits ein schwarzer Längsstreif von den Vorderaugen bis zum Hinterrande. — Hinterleib dick, gewölbt, kurz eiförmig, staubig bräunlichgrau ;
oben in der Mitte ein hellerer, fast linearer, hinten verschmälerter Längsstreif, staubig röthlichgrau, und an seinem Rande jederseits eine Reihe von gelblichweissen
Flecken, die vordern grösser, die hintern 5—6 kleiner,
dreieckig, zwei Zackenreihen darstellend, alle schwarz gerandet, und in dunkleren Längsstreifen befindlich ; an den
Seiten laufen schwarze oder braune schiefe Bogenstreifen
hinab. Bauch gelblichweiss. Beine gelblichweiss, schwarz
geringelt, beim Männchen die Schenkel der vier Hinterbeine oben braun. Koch XIV. Fig. 1272, 1273.

Sie hält sich auf der Erde auf, gerne an sonnigen und
sandigen Abhängen u. s. w., und ist nicht selten ; ich habe
sie auf den Sandbergen bei Rauschen gefunden. Die Männchen haben von Mai an reife Taster.

Euophrys fasciata. 2½''' lang. Der ganze Körper oben
schwarz oder braun ; auf dem Hinterleibe oben drei durchlaufende Längsstreifen weiss, die Seiten des Leibes weiss ;

auf dem Vorderleibe oben auf dem Rücken zwei durchlaufende Längsstreifen, und am Rande jederseits ein doppelter Längsstreifen weiss oder gelb, bisweilen noch ein fünfter solcher Streifen in der Mitte. Die Beine röthlich. Walckenaer Ins. aptères Bd. 1. pag. 404.

Von dieser schönen und seltenen Spinne hat Herr Menge ein ausgewachsenes Weibchen am Bischofsberge und ein jüngeres bei Ohra bei Danzig gefangen. Mir ist sie nie vorgekommen.

Euophrys tigrina. Weib 2''', Mann 1¾''' lang. Vorderleib auf dem Thorax schwarzbraun, Kopf schwarz, mit glänzenden bräunlichgelben Härchen bedeckt, die Vorderaugen mit bräunlichgelben Ringen; von der Mitte des Brustrückens nach hinten ein Längswisch, und nahe den Seitenkanten ein Randstreif weiss oder weisslich; auf dem Kopfe hinter den Vorderaugen ein schmaler Querstreif, dahinter zwei Fleckchen nebeneinander, und dahinter zwei mit den Spitzen zusammentreffende Bogenfleckchen weiss, diese Zeichnung aber oft undeutlich oder verwischt. — Hinterleib gelblichbraun; in der Mitte eine Längsreihe von schwarzen, bräunlichgelb begrenzten Flecken, nämlich auf der vordern Hälfte zwei längliche, bisweilen in einen Längsfleck zusammengeflossen, auf der hintern Hälfte Querbogenfleckchen; von diesen Mittelflecken laufen Bogenstreifen von gleicher Farbe an den Seiten herunter. Die Seiten braun- und gelbfleckig, der Bauch grau mit braunen Längsstreifen. Beine blassröthlich, schwarz geringelt. Taster hellgelb, bei dem Männchen das Endglied schwarz. Koch XIV. Fig. 1275—1277.

Ziemlich häufig auf Baumstümpfen, Steinen, Gesträuch u. s. w. Im Juni und Juli haben die Männchen reife Taster.

Euophrys radiata. Weib 3¼''', Mann 3''' lang. Der Vorderleib mässig hoch und hinten nicht steil abgedacht; der Hinterleib schmäler als der Vorderleib, lang oval, fast walzig, nach hinten zugespitzt. Vorderleib mit gelben Schüppchen bedeckt, oben mit schwarzen, an den Seiten mit weissen langen abstehenden Haaren; Kopfplatte rostbraun und orangegelb gemischt, schön schimmernd, darauf drei gelbe Flecken, zwei hinter den Vorderaugen neben

einander, einer dahinter dreieckig; auf dem Thorax vom
Hinterrande der Kopffläche ein breiter, nach hinten erweiterter Mittelstreif bis zum Hinterrande, und jederseits davon ein schmaler auch gegen das Ende erweiterter von der
Rückengrube schräg nach hinten laufender Streifen rostbraun mit orangerothen Schuppen gemischt; an den Seitenabhängen rostbraune Flecken, mit den schmalen Schräg-
streifen hinten zusammenhängend. die Randlinien schwarz,
auf der Stirne vor den Vorderaugen lange blassgelbliche
Haare. — Der Hinterleib im Ganzen gelb; oben drei
durchlaufende schön orangerothe Längsstreifen, oft in den
Seiten noch ein solcher Streifen angedeutet, in dem mittelsten derselben vorne ein schmaler gelber Spiessfleck, oft
undeutlich; die beiden Streifen zwischen den drei obern
Längsstreifen schwärzlich gemischt, und darin hinter einander gelbe Fleckchen, die vordern der Länge nach, die
hintern schräge gegeneinander gestellt, die hintersten zu
Bogenfleckchen vereinigt, bei Spiritusexemplaren deutlicher
als bei frischen; bei dem Weibchen alle Zeichnungen blasser, verwischter und undeutlicher als beim Männchen. Die
Seiten des Hinterleibes gelb, mit braunen oder orangerothen kurzen Längsfleckchen, die sich in schief herablau-
fende Bogenstreifen ordnen. Lungenschildchen gelb, Spinnwarzen lang vorstehend, gelb, die obern an der Spitze
schwarz. Brust gelb, der Rand schwarz. Schenkel blass
gelblich mit röthlichem Schimmer, durchscheinend, die
übrigen Glieder gelb; auf der Oberseite Längsstreifen und
Punctfleckchen schwarz, die Schienbeine und Fersen der
Vorderbeine fast ganz schwarz, mit gelben Schuppen bestreut. Die Taster des Männchens kurz, das vierte Glied
an der äussern Seite mit einem nach vorne gekrümmten
schwarzen Haken, die Deckschuppe des Kolbens sehr
breit und flach, mit gelben und sparsamen schwarzen Haaren besetzt.

Diese schöne und ausgezeichnete Spinne ist meines
Wissens noch nirgend beschrieben. Ich habe davon am
10. August 1856 sieben reife Männchen und ein Weibchen, und am 2. August 1861 wieder drei Männchen und
ein Weibchen auf Rohr und andern Wasserpflanzen in
einem kleinen Weiher bei Böttchershöfchen bei Königs-

berg gefangen, aber nie an einem andern Orte getroffen.
Herr Prof. Grube hat sie auch in Preussen auf Schilf,
ausserdem nur bei Lodenhof in Livland und auf Oesel beobachtet, und ihr den Namen gegeben. Grube: Ver-
zeichniss der Arachnoiden Liv-, Kur- und Ehstlands
S. 37.

Systematisches Register

der echten oder Lungenspinnen, Araneides,

der Provinz Preussen.

A. Sesshafte oder stationäre Spinnen, Sedentes.

S. 15—18 und 20—125.

a. Geradlaufende Spinnen, Rectigradae.

S. 15—18 und 20—108.

I. Familie Epeirides oder Orbitelae, Radspinnen.

S. 15, 20.

II. Familie Theridides oder Iniquitelae, Webespinnen.

S. 16. 32.

III. Familie Agelenides oder Tapitelae, Trichterspinnen.
S. 17. 82.

IV. Familie Drassides oder Niditelae, Sackspinnen.
S. 17. 87.

V. Familie Dysderides oder Tubitelae, Röhrenspinnen.

S. 18. 106.

b. Krabbenspinnen, Laterigradae.

S. 18 und 108—125.

VI. Familie Thomisides, Krabbenspinnen.

S. 18. 109.

B. Umherschweifende Spinnen, Vagantes.

S. 18—19 und 125—164.

VII. Familie Lycosides, Wolfsspinnen.

S. 19. 125.

VIII. Familie Attides, Springspinnen.

S. 19. 148.

Alphabetisches Register

der preussischen Spinnen.

Druck von Breitkopf und Härtel in Leipzig.

1	2	3	4
Epeira.	*Singa.*	*Miranda.*	*Atea.*
5	6	7	8
Zilla u. Zygia.	*Meta.*	*Tetragnatha.*	*Theridium.*
9	10	11	12
Enularia.	*Dictyna.*	*Linyphia.*	*Bolyphantes.*
13	14	15	16
Pachygnatha.	*Micryphantes.*	*Ero.*	*Tegeneria.*
17	18	19	20
Textrix.	*Agelena.*	*Hahnia.*	*Argyroneta.*
21	22	23	24
Amaurobius.	*Drassus.*	*Melanophora.*	*Pythonissa.*
25	26	27	28
Clubiona.	*Cheiracanthium.*	*Anyphaena.*	*Macaria.*

29	30	31	32
Dijsdera.	Segestria.	Thomisus.	Xijsticus.
33	34	35	36
Artamus.	Philodromus.	Thanatus.	Sparassus.
37	38	39	40
Sphasus.	Episinus.	Mithras.	Dolomedes.
41	42	43	44
Ocyale.	Potamia.	Leimonia.	Pardosa.
45	46	47	48
Tarantula.	Trochosa.	Arctosa.	Zora.
49	50	51	52
Salticus.	Calliethera.	Heliophanus.	Marpissa.
53	54	55	
Attus.	Dendryphantes.	Enophrys.